普通高等教育“十一五”国家级规划教材
高职高专规划教材

汽车电器实训

第2版

主　编　郝　军
副主编　徐景波
参　编　陈长春　张真忠
主　审　李春明

机械工业出版社

本教材共有十一个实训单元，分别包括万用表的使用，蓄电池的检测与维护，汽车发电机与电压调节器的检测与试验，汽车起动机的检测与试验，点火系统的检测与试验，汽车仪表的检测与试验，汽车信号与报警装置的检测，汽车辅助电器的检修与维护，汽车电路的检修与维护，汽车空调的检修与维护，汽车音响的操作与使用等内容。

实训课题的选择，充分考虑到职业教育和汽车电子技术专业的教学特点，根据维修工作过程的实际需要，内容精炼，图文并茂，适合作为《汽车电器》理论教学的实训教材，也可作为汽车其他专业的相关实训教材，亦可作为汽车维修技术人员的操作、培训参考用书。

图书在版编目(CIP)数据

汽车电器实训/郝军主编．—2版．—北京：机械工业出版社，2009.1(2014.1重印)

普通高等教育“十一五”国家级规划教材．高职高专规划教材

ISBN 978-7-111-13703-0

Ⅰ．汽…　Ⅱ．郝…　Ⅲ．汽车-电气设备-高等学校：技术学校-教材　Ⅳ．U463.6

中国版本图书馆CIP数据核字(2008)第165376号

机械工业出版社(北京市百万庄大街22号　邮政编码100037)

策划编辑：葛晓慧、蓝伙金　责任编辑：葛晓慧

责任校对：刘志文　封面设计：赵颖哲

责任印制：乔　宇

北京铭成印刷有限公司印刷

2014年1月第2版·第5次印刷

184mm×260mm·6.5印张·156千字

标准书号：ISBN 978-7-111-13703-0

定价：14.00元

凡购本书，如有缺页、倒页、脱页，由本社发行部调换

电话服务	网络服务
社服务中心：(010)88361066	
销售一部：(010)68326294	门户网：http://www.cmpbook.com
销售二部：(010)88379649	教材网：http://www.cmpedu.com
读者购书热线：(010)88379203	**封面无防伪标均为盗版**

高职高专汽车类专业系列
教 材 编 委 会

第2版前言

汽车电器实训是汽车维修类专业训练的一个重要环节，根据职业技术教育的特点和各学校对原版使用的反馈意见，第2版对原版教材的内容进行了如下修订和改进：

1）为提高学生使用仪表的技能，增加了万用表的使用和电子元件的测量，为检测和排除故障打下良好的基础。

2）修订了起动机电磁开关和点火系的检测方法，使检修和测量更具有实用性。

3）增加了汽车辅助电器中刮水器电动机和电动后视镜的检测训练内容。

4）由于相当多的学校在“汽车电器”课程中一并安排了汽车空调的教学内容，并把该内容的训练合并在汽车电器实训中，所以本次修订增加了汽车空调的检测和维修的训练内容，以适应更多学校的教学计划实施。

5）增加了汽车音响使用方法的训练内容。

经过以上修订，本书基本涵盖了汽车电器的所有部分，使训练更具有贴近维修工作过程的实际意义，适合更多学校和专业的应用以及专题培训的需要。

本教材的修订部分由郝军编写，其余均按1版人员编写内容分配。李春明担任主审，对全书内容尤其是新修订、增加的内容进行了详细认真的审阅，并提出了宝贵的修改意见，编者在此表示诚挚的感谢！

希望新版教材能够更适合汽车维修专业人才培养的需要，适合专业教学和实训的需要。读者在使用中的意见和建议可使用 E-mail 发至：haohly@ sina. com。

本教材配有电子教案，凡使用本书作为教材的教师可登录机械工业出版社教材服务网 www. cmpedu. com 注册后下载。咨询邮箱：cmpgaozhi@ sina. com。咨询电话：010-88379375。

编　者

第1版前言

中共中央、国务院在第三次全国教育工作会议，做出了“关于深化教育改革，全面推进素质教育的决定”的重大决策，明确提出要大力发展高等职业教育，培养一大批具有必备的理论知识和较强的实践能力，适应生产、建设、管理、服务第一线急需的高等技术应用性专门人才。为此，教育部召开了关于加强高职高专教学工作会议，进一步明确了高职高专是以培养技术应用性专门人才为根本任务，以适应社会需要为目标，要体现地区经济、行业经济和社会发展的需要，即用人的需求。

“教书育人，教材先行”，教育离不开教材。机械工业出版社组织全国11所职业技术学院有多年高职高专教学经验的老师编写了高职高专汽车电子技术专业、汽车贸易专业两套教材。

两套教材是根据高中毕业3年制(总学时1600~1800)、兼顾2年制(总学时1100~1200)的高职高专教学计划需要编写的。在内容上突出了基础理论知识的应用和实践能力的培养。突出针对性和实用性，强化实践教学。

《汽车电器实训》是《汽车电器设备》教材的配套使用实训教材。该教材的编写，根据高职高专院校汽车电子技术专业学科的教学基本要求：即在学生学习了汽车电器设备理论的基础上，安排一定的实训课时，使理论教学更紧密地结合工程实际，使学生更深入地理解专业知识，并通过对常用汽车电器部件的拆装、检测、维修和试验，掌握和提高工程技能，为后续专业课的学习和毕业后从事的专业工作打下良好的基础。

本教材在选择实训内容时，尽量结合各院校的训练条件及现实维修工作的需要，编写了切合实际的实训项目，但由于汽车电器的技术发展很快，教材的编写不可能面面俱到，学生的能力培养和提高更重要的是掌握基本技能与方法。为了使这本实训教材更具有普遍的实用意义，我们舍去了一些比较陈旧的操作内容和与理论教材重复的内容，但对于培养动手能力的拆装、测量、调整和试验内容仍做了适当的保留，供各校在实训时选择。

本教材的使用，可以安排集中实习的训练方式，也可以随理论教学进度，采用分散训练的方法。

本书由郝军任主编并编写第一、二单元及负责全书的统稿；徐景波任副主编并编写第四单元；陈长春、郝军编写第五、六、七单元；张真忠编写第三单元。

长春汽车工业高等专科学校李春明担任主审，提出了宝贵的编写、修改意见，在此表示感谢。

由于编者对此类实训教材的编写经验、水平有限，加之时间仓促，书中难免有欠妥之处，恳请各位专家和使用者不吝指正。

高职高专汽车类专业系列教材编委会

目　录

第一单元　万用表的使用

实训一　普通万用表的使用

一、实训目的

1）学习普通万用表的基本使用方法。

2）掌握使用万用表测量电气元件的方法。

二、工具材料

指针式万用表（MF—47 型）；数字式万用表（DT9203 型）；电阻器、电容器、二极管、晶体管等元件。

三、操作要点及项目

1. 指针式万用表的基本使用方法

（1）为得到比较准确的测量结果，测量时指针式万用表应该尽量水平放置，读数时应该使眼睛、指针和指针在镜面上的投影保持在一条线上。

（2）万用表在使用前应该检查指针是否在机械零位上。若不在，应该用螺钉旋具左右调节机械调零旋钮，使指针准确指在零位刻度处。

（3）选择测量档位的基本原则是：测量电流、电压时，应该尽量使指针偏转在满刻度 2/3 以上；测量电阻时，应该使指针偏转在刻度盘中值附近。

（4）由于电阻低值档测量电流较大，高值档测量电压较高，所以在测量晶体管、集成电路和传感器时应该谨慎使用。

2. 数字式万用表的基本使用方法

（1）数字万用表需要使用电源工作，使用前应拨动开关接通电源，检查 9V 电源电压，如果电压不足，屏幕将显示“LOBAT”或者“BAT”字符，此时应该打开后盖，更换电池。如果无上述显示，则可以继续测量。

（2）选择测量档位的基本原则是：应该使屏幕上尽量显示更多的有效数字，这样的测量精度才较高。测量中屏幕只显示“1”时，是测量结果溢出的提示，说明测量档位应该更换高的位置。

（3）使用电阻档时，红表笔极性为“+”。使用二极管测量档位时，屏幕显示的是其正向导通电压值。当使用声响测试档位时，只有被测电阻小于 30Ω 才会有声音提示。

（4）更换电池或者熔断器时，应该切断电源操作，并注意熔断器的规格与原机相同。

3. 电阻器的测量

（1）指针式万用表在测量前应该进行电气调零，即短路两表笔，调整调零电位器使指针指示在零位。注意：更换档位时需要重新进行调零。

（2）数字式万用表测量高阻值电阻时，显示数字需要数秒钟稳定后读数。

（3）测量电阻时，应该注意排除人体电阻对测量的影响。

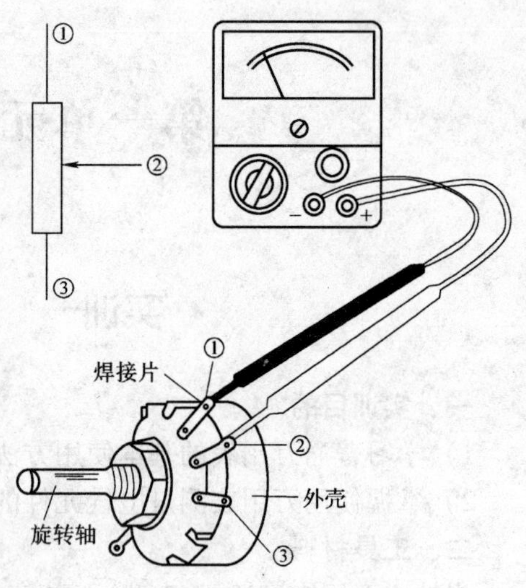

图 1-1　电阻器的测量

（4）电阻器的测量。图 1-1 所示是最常见的炭膜电阻器。图中①、③端子(焊片)是电阻器电阻片的两个引出端，②端子是滑动片(活动臂)的引出端。①、③端子之间的电阻值是电阻器的标称阻值，是固定不变的；而①、②端子之间和②、③端子之间的阻值随着旋转轴的转动而变。

用万用表测试电阻器时，首先测一下电阻器的①、③端子之间的阻值，应为其标称值。然后再测量它的滑动片与电阻片的接触情况：将一支表笔接电阻器的滑动片引出端子②，另一支表笔接电阻片的两个引出端子中的任意一个，即①或③，慢慢地将其旋转轴从一个极端位置旋转至另一个极端位置，其电阻值应从标称值(或零)连续变化到零(或标称值)。

当顺时针方向旋转电阻器的轴到它的极端位置时，②、③端子之间的电阻值应近似为“0”，而①、②端子之间的阻值应近似为它的标称值；而逆时针转到极端位置时，①、②端子之间阻值近似为“0”，②、③端子之间阻值近似为它的标称值。

在转动旋转轴时，如发现万用表表针跳动或突然指向“∞”位置，说明电阻器滑动片接触不良，或电阻片炭膜涂层不均匀，或其上有严重油污。

（5）将测量结果填入表 1-1，并进行分析。

表 1-1　电阻器测量记录　　　　万用表型号________

电阻标称值	允许偏差	测量值	绝对误差	相对误差	测量档位	结论

注：建议分别使用指针式和数字式万用表进行测量比较。

4. 电容器的测量

（1）使用数字式万用表测量电容器时，先选择好合适的档位，然后将电容器插入测量专用插孔，数秒钟稳定后，即可读数。

（2）指针式万用表不能直接测量电容器的准确容量值，但可以使用电阻档判断其基本质量，方法如下：

1）测试漏电阻(适用于 0.1μF 以上容量的电容)。

方法：用万用表的电阻档($R\times100$ 或 $R\times1\text{k}$)，将表笔接触电容器的两引线。刚接触时，由于电容充电电流大，表头指针偏转角度最大，随着充电电流减小，指针逐渐向 $R=$

∞方向返回，最后稳定处即漏电电阻值。一般电容器的漏电电阻为几百至几兆欧，漏电电阻相对小的电容质量不好。测量时，若表头指针指到或接近欧姆零点，表明电容器内部短路。若指针不动，始终指在 $R=\infty$ 处，则意味着电容器内部断路或已失效。对于电容量在 0.1μF 以下的小电容，由于漏电阻接近∞，难以分辨，故不能用此法测漏电阻或判定好坏。

2）电解电容器的极性检测。

电解电容器的正、负极性不允许接错，当极性接反时，可能因电解液的反向极化，引起电解电容器的爆裂。当极性标记无法辨认时，可根据正向连接时漏电电阻大、反向连接时漏电电阻相对小的特点判断极性。交换表笔前后两次测量漏电电阻，阻值大的一次，黑表笔接触的是正极，因为黑表笔与万用表内电池正极相接。但用这种办法有时并不能明显地区分正、反向电阻，所以使用电解电容时，要注意保护极性标记。

（3）将测量结果填入表 1-2，并进行分析。

表 1-2　电容器测量记录　　万用表型号＿＿＿＿

电容标称值	允许偏差	测量值	绝对误差	相对误差	测量档位	结论

5. 二极管的测量

（1）二极管极性的检测。

根据二极管所具有单向导电的特性，即正向电阻很小，反向电阻很大的特点，通过测电阻可判别二极管的极性。一般带有色环标志的一端为负极。用指针万用表 $R\times100$ 或者 $R\times1\text{k}$ 档测量二极管正、反向电阻，阻值较小的一次，二极管导通，黑表笔接触的是二极管的正极。如图 1-2 所示。

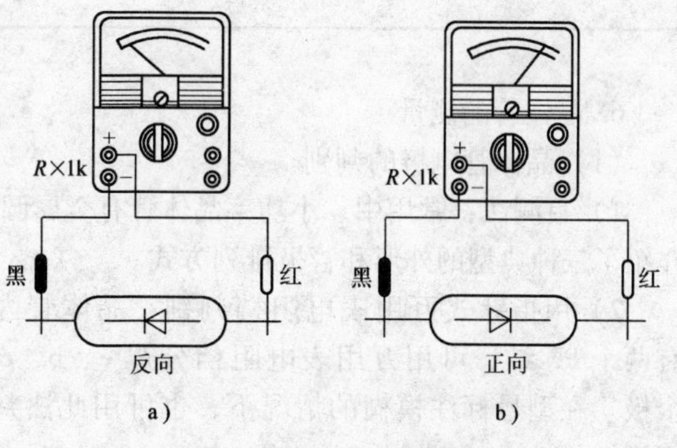

图 1-2　二极管极性的检测

（2）指针式万用表对二极管性能的检测。

通常二极管的正、反向电阻相差越大，说明它单向导电性能越好。因此，可以从二极管的正、反电阻来判别二极管的单向导电性能好坏。

二极管是非线性元件，不同型号的万用表，使用不同档位测量结果都不同，用 $R\times100$ 档测量时，通常小功率锗管正向电阻在 200～600Ω 之间，硅管在 900～2000Ω 之间。对于大功率二极管，应使用 $R\times1$ 档测量，其值约为十几至几十欧。利用这一特性可区别出硅、锗两种二极管。锗管反向电阻大于 20kΩ 即可符合一般要求，而硅管反向电阻都要求在 500kΩ 以上，小于500kΩ都视为漏电较严重，正常硅管测其反向电阻时，万用表指针都指向无穷大。

总的来说，二极管正、反向电阻相差越大越好，阻值相同或相近都视为已损坏管。如果两次测得的阻值均为“0”，那么二极管已击穿；两次测得的阻值均为“∞”，那么二极管已断路。

(3) 数字式万用表对二极管性能的检测。

数字万用表有专用的测二极管和晶体管的档位，用二极管符号来表示该档。数字万用表的红表笔接内部电池的正极，黑表笔接内部电池的负极，和指针式万用表刚好相反。将数字万用表置于二极管档，红表笔插入“V/Ω”插孔，黑表笔插入“COM”插孔。将两支表笔分别接触二极管的两个电极，如果显示溢出符号，说明二极管处于反向截止状态，此时黑表笔接的是管子正极，红表笔接的是负极。反之，如果显示值在1000mV以下，则二极管处于正向导通状态，此时与红表笔相接的是管子的正极，与黑表笔相接的是管子的负极。

数字万用表实际上测的是二极管两端的压降。由于二极管正向导通时电阻很小，在其上的电压降也小，一般为200～800mV之间；而反向截止时，由于电阻为无穷大，电压全部降在二极管两端，所以有的数字万用表显示为溢出符号。

(4) 将测量结果填入表1-3，并进行分析。

表1-3　二极管测量记录　　　　万用表型号______

二极管型号	正向电阻	反向电阻	正向压降	测量档位	结论

6. 晶体管的测量

(1) 晶体管电极的判别。

1) 目测法：常用中、小功率晶体管有金属圆壳和塑料封装(半柱型)等外型，图1-3中介绍了三种典型的外形和管极排列方式。

2) 用指针式万用表电阻档判别：晶体管内部有两个PN结，可用万用表电阻档分辨e、b、c三个极。在型号标注模糊的情况下，也可用此法判别管型。

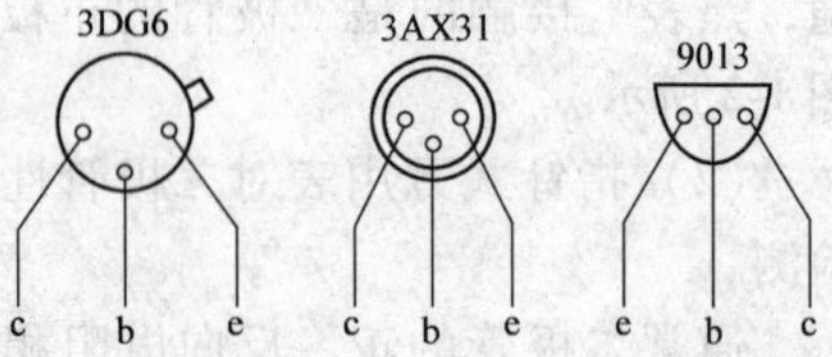

图1-3　常用小功率晶体管外形和管极排列

① 基极的判别：判别管极时应首先确认基极。对于NPN管，用黑表笔接假定的基极，用红表笔分别接触另外两个极，若测得电阻都小，约为几百欧到几千欧；而将黑、红两表笔对调，测得电阻均较大，在几百千欧以上，此时黑表笔接的就是基极。PNP管情况正相反，测量时两个PN结都正偏的情况下，红表笔接基极。

实际上，小功率管的基极一般排列在三个管脚的中间，可用上述方法，分别将黑、红表笔接基极，既可测定晶体管的两个PN结是否完好(与二极管PN结的测量方法一样)，又可确认管型。

② 集电极和发射极的判别：确定基极后，假设余下管脚之一为集电极 c，另一为发射极 e，用手指分别捏住 c 极与 b 极(即用手指代替基极电阻 R_b)。同时，将万用表两表笔分别与 c、e 接触，若被测管为 NPN，则用黑表笔接触 c 极、用红表笔接 e（PNP 管相反）极，观察指针偏转角度；然后再设另一管脚为 c 极，重复以上过程，比较两次测量指针的偏转角度，大的一次表明 I_c 大，管子处于放大状态，相应假设的 c、e 极正确。

（2） 晶体管性能的简易测量。

1）用指针万用表电阻档测 I_{CEO}：基极开路，万用表黑表笔接 NPN 管的集电极 c、红表笔接发射极 e（PNP 管相反），此时 c、e 间电阻值大则表明 I_{CEO} 小，电阻值小则表明 I_{CEO} 大。

2）用万用表 h_{FE} 档测 β：万用表有 h_{FE} 档，按表上规定的极型插入晶体管即可测得电流放大系数 β，若 β 很小或者为零，说明晶体管放大能力很差；如果 β 很大，则性能不稳定，两者都不宜使用。

（3） 将测量结果填入表 1-4，并进行分析。

表 1-4　晶体管测量记录　　万用表型号______

晶体管型号	管极排列图	I_{CEO}	β	测量档位	结论

7. 电压的测量

分别使用指针式和数字式万用表测量交、直流电压，将测量结果填入表 1-5，并进行分析。

表 1-5　电压测量记录　　万用表型号______

电压	标称值	指针表测量值	测量档位	数字表测量值	测量档位	结论
干电池						
蓄电池						
交流电						

实训二　汽车万用表的使用

一、实训目的

1） 学习汽车万用表的基本使用方法。

2） 掌握使用汽车万用表测量电气参数的方法。

二、工具材料

汽车数字式万用表，检测用轿车。

三、操作要点及项目

1. 汽车万用表的结构与性能

一般的万用表只能测试电压、电阻和电流，而汽车专用万用表具有很多汽车电气系统的专用测试功能，尤其针对汽车电控发动机，可以对频率、占空比、脉冲宽度和温度等多种信号进行检测。典型的汽车万用表外观如图 1-4 所示。

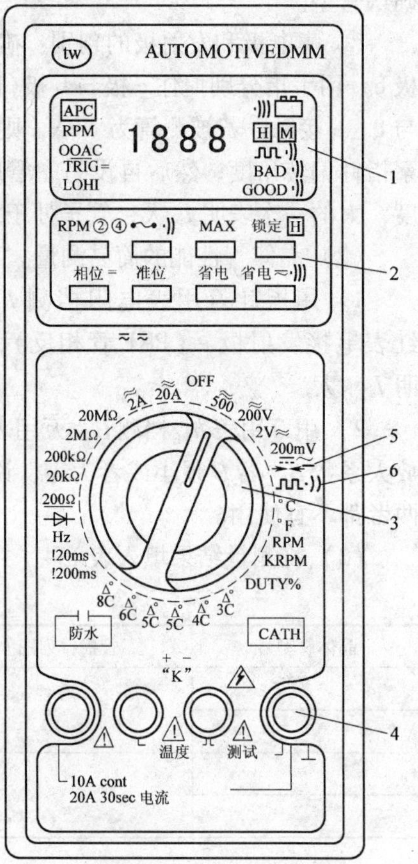

图 1-4 TW—9406A 型汽车专用数字式万用表

1—液晶显示器 2—功能键 3—转换开关 4—测试线插孔 5—测试发电机二极管、氧传感器和高压线漏电档 6—故障码测试档

汽车专用万用表所能检测的电子信号的类型主要有以下 5 种。

（1）测量直流电压信号（DC）。汽车中产生直流电压信号的电源装置，如蓄电池（12V）和 ECU 输出给传感器一定的参考电压（5V）。属于模拟直流电压信号的传感器有发动机温度传感器（ECT）、燃油量传感器、进气温度传感器（IAT）、节气门位置传感器（TPS）、节气门开关、废气再循环及其升程传感器、翼板式或热线式空气流量传感器（MAF）和进气压力传感器（MAP）等。

（2）测量交流电压信号（AC）。汽车中产生交流电压信号装置的传感器主要有车速传感器（VSS）、防滑制动轮速传感器、磁电式曲轴位置传感器（CKP）、磁电式凸轮轴位置传感器（CMR）和爆燃传感器（KS）等。

（3）测量频率调制信号。汽车中产生可变频率的传感器主要有数字式空气流量传感器、数字式进气压力传感器、光电式车速传感器（VSS）、光敏式曲轴位置传感器（CKP）、光敏式凸轮轴位置传感器（CMP）、霍尔式车速传感器（VSS）、霍尔式曲轴位置传感器（CKP）和霍尔式凸轮轴位置传感器（CMP）等。

（4）测量脉宽调制信号。汽车中产生脉宽调制信号的电路主要有初级点火线圈、电子点火正时电路、废气再循环控制阀（EGR）、喷油器、发动机怠速控制电动机、活性炭罐电磁阀（EVAP）、涡轮增压和其他电磁阀。

（5）串行数据信号。汽车电路中由发动机控制单元（ECU）、车身控制单元（BCM）、防抱死制动系统（ABS）或其他控制单元产生的串行数据信号具有相互传输能力。它是汽车电信号中最复杂的信号，在维修中要用专门的解码器读取信息。

2. 汽车专用数字式万用表的使用方法

（1）测量温度。

1）将“选择开关”旋转到温度（℃或℉）位置上。

2）将汽车专用万用表配备的带测针的特殊插头，插接到面板上的黄色插孔内，测针与被测温度的部位接触，如图 1-5 所示。

3）温度稳定后，读取测量值。

（2）测量转速。

1）将“选择开关”旋转到转速(RPM 或 RPM×10)的位置上。

2）感应夹的红色导线插入面板电压/欧姆插孔内，黑色导线插入 COM 插孔内，感应夹夹在通往火花塞的高压线上，其上方的箭头应指向火花塞，如图 1-6 所示。

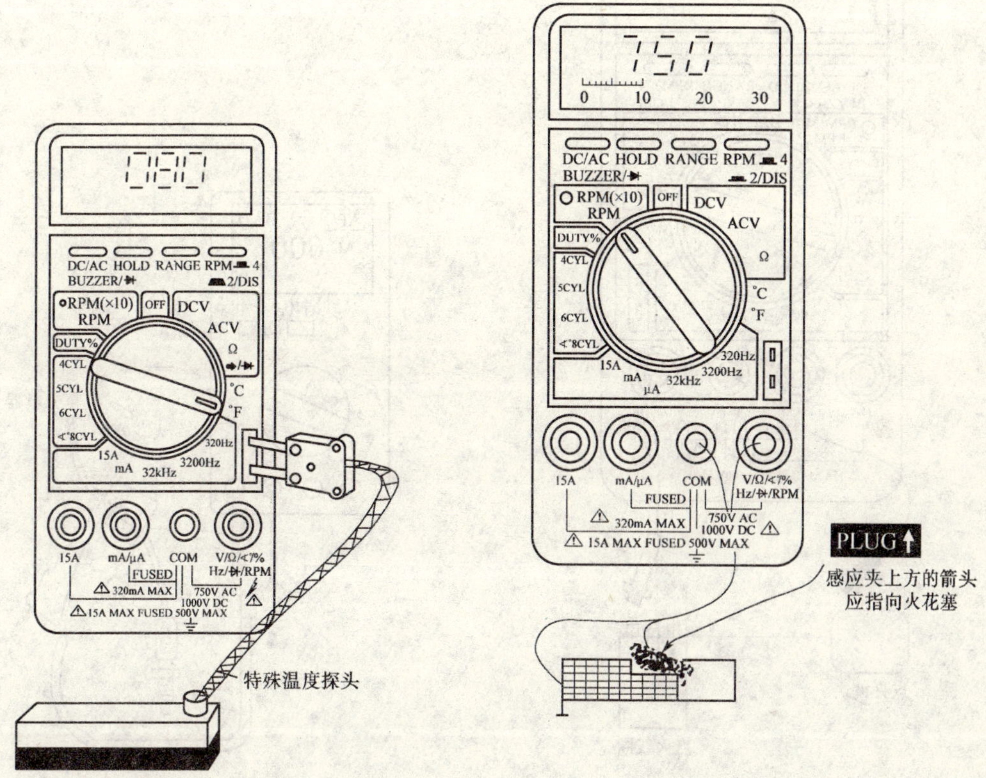

图 1-5　测量温度　　　　图 1-6　转速测量

3）按下“转速”选择按钮，根据被测发动机的冲程数和有无分电器，选择“4”或“2/DIS”。

4）读取发动机转速值。

（3）测量触点闭合角。

1）将“选择开关”旋转到触点闭合角区域中对应缸(4CYL、5CYL、6CYL 或 8CYL)。

2）红色测针的导线插入面板接通角插孔(与电压/欧姆插孔为同一插孔)中，黑色测针的导线插入面板 COM 插孔中。另一端红、黑测针连接到被测电路上，如图 1-7 所示，即可读出闭合角数值。

（4）高压线的漏电检查。按图 1-8 所示的方法连接万用表，用测试钳 5 夹住点火高压线。注意测试钳的符号“←”应朝火花塞，对于无分电器点火系，符号“←”朝向点火线圈。

起动发动机，将万用表的转换开关转到漏电测试档，按下“交直流切换”键和“省电”键。观察各缸点火高压线的电压显示。

（5）读取故障码。按图 1-9 所示的方法接好万用表。红表笔接随车诊断插座的信号输出端，黑表笔搭铁，转换开关转到“故障码测试”档。

打开点火开关后，万用表即发出故障码音响，并在屏幕显示信号输出端电压。比如其音响如为一长两短的“哗、哗”声，则表示故障码为12。

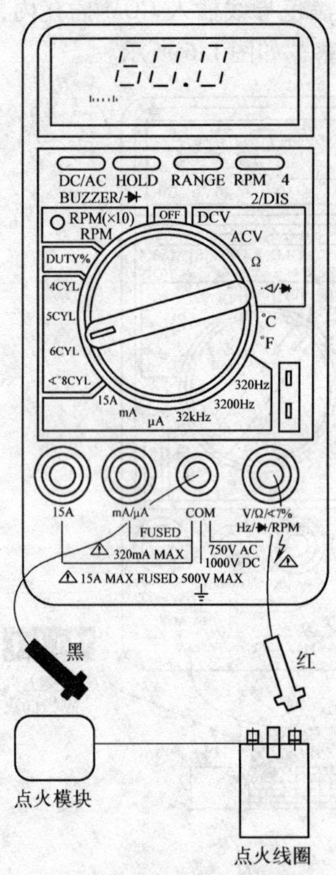

图1-7　测量触点闭合角

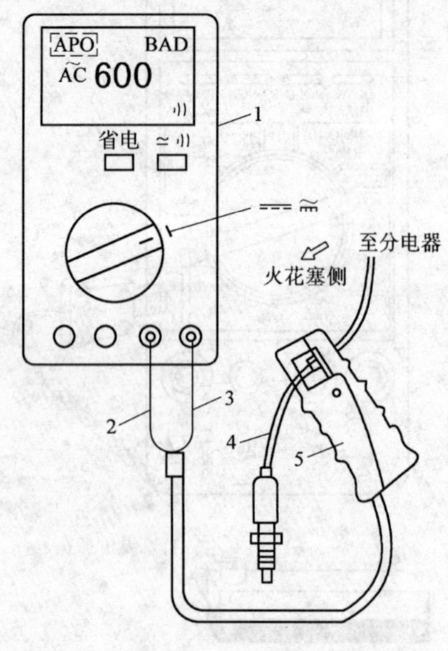

图1-8　点火高压线漏电的检查

1—万用表　2—红线(+)　3—黑线(-)

4—被测高压线　5—测试钳

（6）检测占空比。所谓占空比(DUTY%)是指脉冲电流保持时间与间歇时间之比。发动机电控系统中测试占空比的部位，主要是通以脉冲电流的各种电磁阀。下面以奔驰车9孔占空比诊断插座判断故障为例，说明占空比的检测方法。

奔驰车9孔诊断插座借助万用表“DUTY%”档诊断故障。按如图1-10所示的方法接好万用表，红表笔接9孔诊断插座的第3孔，黑表笔搭铁。打开点火开关，但不起动发动机。将万用表的转速开关转到“DU-

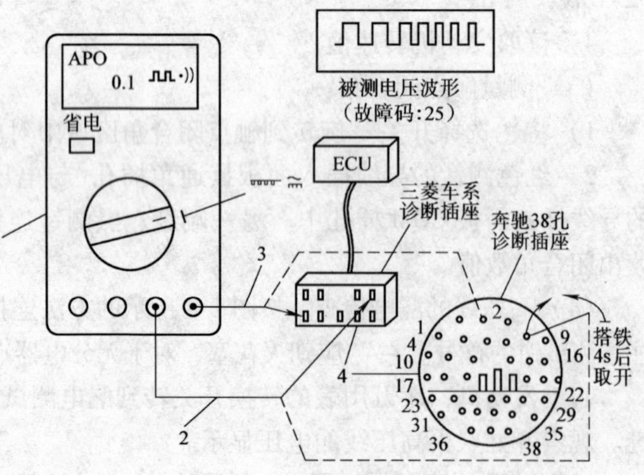

图1-9　读取故障码

1—万用表　2—红表笔　3—黑表笔　4—随车诊断插座

TY%”档，按下“相位±”键，屏幕显示出百分比值，根据占空比判断故障表可查出该百分比所对应的故障。

（7）检测喷油器的喷油时间。按如图 1-11 所示方法连接万用表和喷油器，红表笔接喷油器电源接线柱，黑表笔接喷油器的 ECU 搭铁接线柱，转换开关放在 20mS 档。

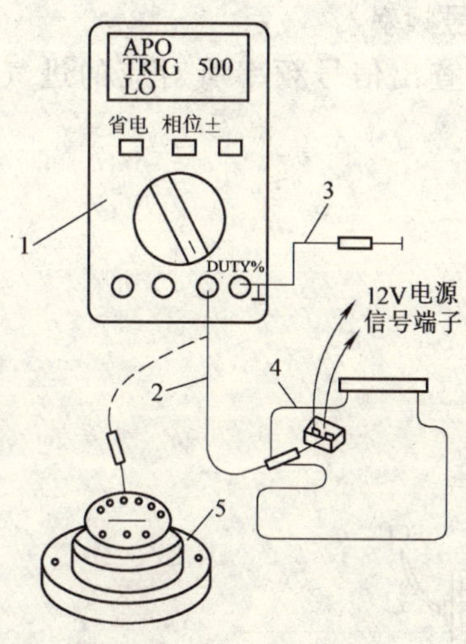

图 1-10 万用表测试占空比（DUTY%）

1—万用表 2—红表笔 3—黑表笔 4—电控化油器 5—9 孔诊断插座

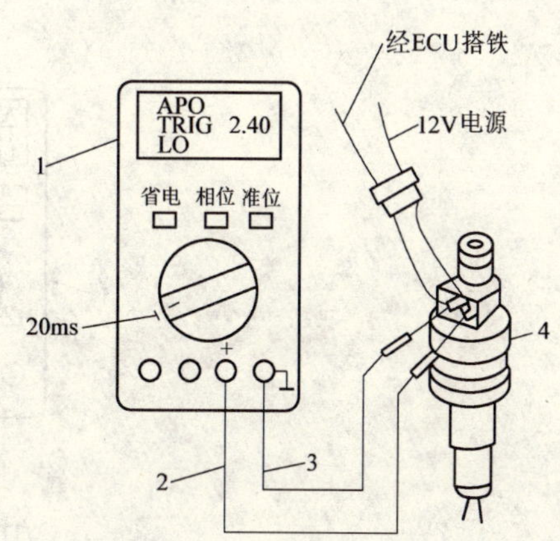

图 1-11 测试喷油器

1—万用表 2—红表笔 3—黑表笔 4—喷油器

起动发动机，使其运转至正常温度，按下“相位±”键，调整触发方向，使屏幕显示“TRIG”。按“准位”键，使屏幕显示“LO”。

观察屏幕显示的喷油时间。比如是 2.4ms，即说明喷油器通电脉冲宽度为 2.4ms，发动机随其负荷的增大，喷油时间应在 0.6～3.0ms。

（8）测试火花塞的放电时间。按如图 1-12 所示的方法连接万用表，感应钳的符号“－”朝向火花塞一侧，转换开关置于“20ms”档。

起动发动机，使其运转至正常工作温度，按下“相位±”键，使屏幕显示“TRIG±”，再按“准位”键，使屏幕显示“HI”及火花塞的放电时间。

逐缸测试火花塞高压线后，分析对比各火花塞的放电时间，以判断其工作是否正常。

（9）检测信号频率。汽车电路中的许多传感器都用频率作为输出信号，如卡门涡旋式空气流量传感器、福特汽车进气歧管绝对压力传感器、车速传感器和发动机怠速电动机等。频率也经常作为执行元件的控制信号，如 ECU 对废气再循环系统的控制等。下面以福特汽车进气歧管绝对压力传感器为例，说

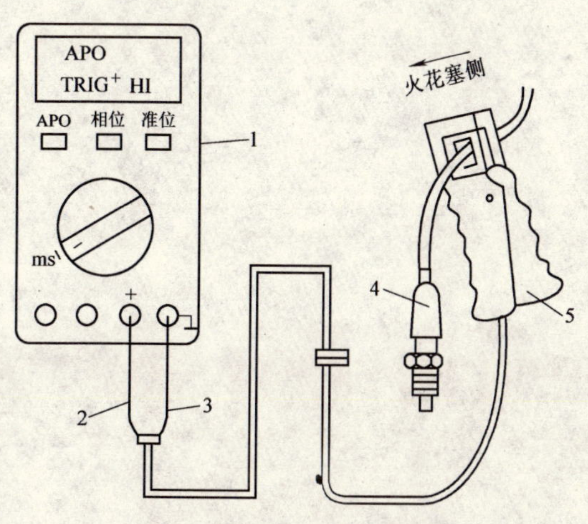

图 1-12 测试火花塞放电时间

1—万用表 2—红线（+） 3—黑线（－） 4—火花塞 5—感应钳

明信号频率的检测方法。

按如图 1-13 所示的方法连接好万用表，红表笔接传感器信号输入端，黑表笔搭铁。

起动发动机，使其运转至正常工作温度，将万用表转换开关置于“Hz”档。若读不到显示信号可按“相位 ±”键，选择触发“+”或“-”，或按“准位”键选择“LO”或“HI”。屏幕即显示进气歧管绝对压力传感器输出的信号频率。

根据信号频率与进气歧管绝对压力的相关表，查出信号频率所对应的进气歧管真空度。

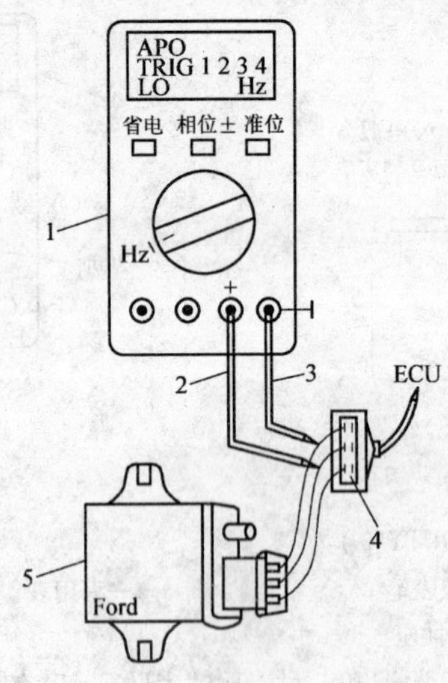

图 1-13　检测信号频率

1—万用表　2—红表笔　3—黑表笔
4—ECU 端子插座　5—被测传感器

第二单元　蓄电池的检测与维护

实训一　蓄电池的检测

一、实训目的

1）掌握蓄电池的基本结构和特点。

2）学习检测蓄电池的基本方法。

二、工具材料

汽车起动用铅酸蓄电池、密度计、吸液器、万用表、温度计、高率放电计。

三、操作要点及项目

1. 检测前对蓄电池的清洁作业

（1）检查蓄电池封胶有无开裂和损坏，柱桩有无破损，壳体有无泄露，否则应修理或者更换，然后用清水冲洗蓄电池外部的灰尘和污垢，再用碱水清洗。

（2）疏通加液盖通气孔。

（3）用钢丝刷或刮刀清洁柱桩和接线卡头的氧化物，并涂抹一薄层凡士林或润滑脂。

2. 检测蓄电池液面高度

（1）用玻璃管测量法，如图 2-1a 所示。

1）用一空心玻璃管插入蓄电池电解液内极片的上平面处。

2）玻璃管内的电解液与电池液面同高，用大拇指按紧玻璃管上端，使管口密封。

3）提起玻璃管，测量玻璃管内的液面高度，即为蓄电池电解液液面高度。标准值为10~15mm高，过低应加入蒸馏水使之符合标准。

（2）观察液面高度指示线法，如图 2-1b 所示。

使用透明塑料容器的蓄电池，检查液面高度时，在容器壁上刻有两条高度指示线。正常液面高度应介于两线之间的中线上，低于中线则为液面过低，应加入蒸馏水补充。

（3）从加液孔观察判断法，如图 2-1c 所示。

有些汽车蓄电池在电解液加液孔内侧的标准液面位置处开有方视孔，检视液面高度，观察液面在方孔下面为液面过低；正好与方孔平行时为标准；液面浸过方孔而充满加液口底部以上为过多。

3. 检测蓄电池电解液密度

电解液的密度大小，是判断蓄电池容量的重要标志，用密度计测量电解液密度的步骤如下：

（1）打开蓄电池的加液盖。

（2）把密度计下端的橡胶管插入单格电池的加液孔内，如图 2-2 所示。

（3）用手将橡皮球捏瘪，再慢慢放开，电解液就会被吸到玻璃管中。

（4）注意控制吸入时电解液不要过多或过少，以能将密度计浮子浮起而不会顶住为宜。

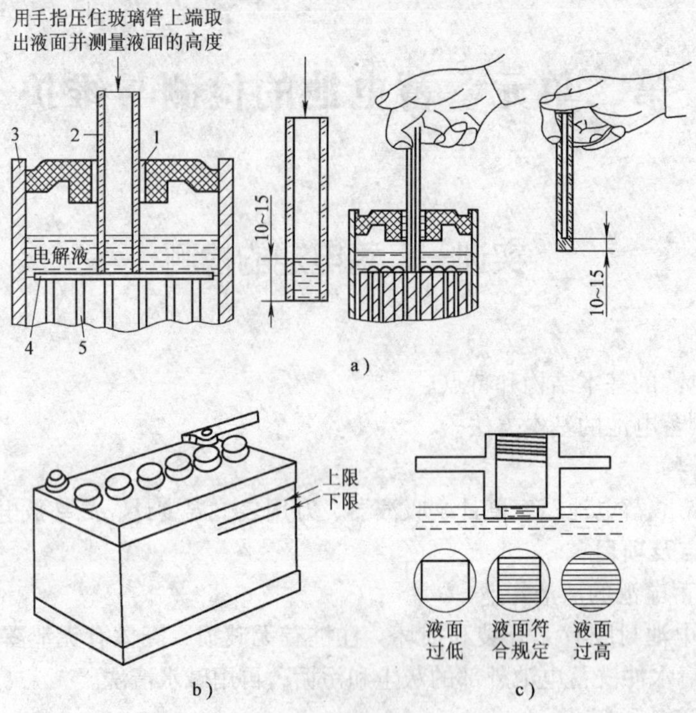

图 2-1　电解液液面高度的检查

a）用玻璃管检查法　b）观察液面高度指示线法

c）从加液孔观察图形法

1—加液孔　2—玻璃管　3—外壳　4—防护板　5—极板组

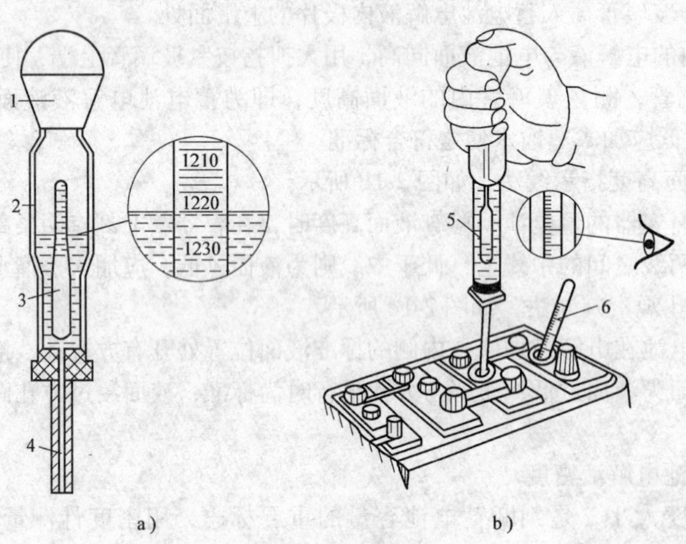

图 2-2　密度计及测量密度的方法

a）密度计的构造　b）测量电解液密度的方法

1—橡胶球　2—吸液玻璃管　3、5—密度计　4—吸管　6—温度计

（5）使管内的浮子浮在玻璃管中央（不要相互接触），读密度计的读数。要求读数时使密度计刻度线与眼睛平齐，测量的密度值应用标准温度（25℃）予以校正（同时测量电解液温度）。不同温度条件下电解液密度修正值见表 2-1。

表 2-1　不同温度条件下电解液密度修正值

电解液温度 /℃	密度修正值 /（g/cm^3）	电解液温度 /℃	密度修正值 /（g/cm^3）	电解液温度 /℃	密度修正值 /（g/cm^3）
+40	+0.0113	+10	-0.0113	-20	-0.0337
+35	+0.0075	+5	-0.00150	-25	-0.0375
+30	+0.0037	0	-0.00188	-30	-0.0412
+25	0	-5	-0.0255	-35	-0.0450
+20	-0.0037	-10	-0.0263	-40	-0.0488
+15	-0.0075	-15	-0.0300	-45	-0.0525

（6）放电程度的判断方法。电解液密度与放电程度的关系是：密度每下降 0.01g/cm^3 相当于蓄电池放电 6%，当判定蓄电池在夏季放电超过 50%，冬季放电超过 25% 时不宜再使用，应及时进行充电，否则会使畜电池早期损坏。

（7）将所测量的密度值、温度值与修正后的电解液密度值，以及根据密度下降的程度计算出的蓄电池剩余电量填入表 2-2。

表 2-2　蓄电池密度测量记录　　（测量温度____℃）

单格 / 参数	1	2	3	4	5	6
测量值/（g/cm^3）						
修正值/（g/cm^3）						
剩余电量（%）						

注意：此项测量应该避免在蓄电池刚加入蒸馏水或者大电流放电过后进行，否则因为蓄电池内部电解液不平衡会使测量结果产生较大误差。

4. 蓄电池电压的测量

（1）使用万用表测量蓄电池端电压。万用表测量蓄电池端电压，只能作为检测的参考因素。通常静置时，测量端电压≥12.6V，并且电解液密度≥1.22g/cm^3，才可以基本判定蓄电池具有一定的电量储备。

（2）使用高率放电计检测（蓄电池检测表）。高率放电计的结构及测量方法如图 2-3 所示。

高率放电计是模拟起动机工作状态检测蓄电池容量的仪表。它由一只电压表和一负载电阻组成，如图 2-4 所示。由于在检测时，蓄电池对负载电阻放电电流可达 100A 以上，所以，能比较准确地判定蓄电池的容量和基本性能，是目前普遍使用的检测仪表。以 12V 蓄电池为例，使用方法如下：

1）将测试夹分别对应夹在蓄电池的正、负极柱桩上。此时读数显示蓄电池的空载电压值。通常显示在 11.8 ~13V 范围内为正常。

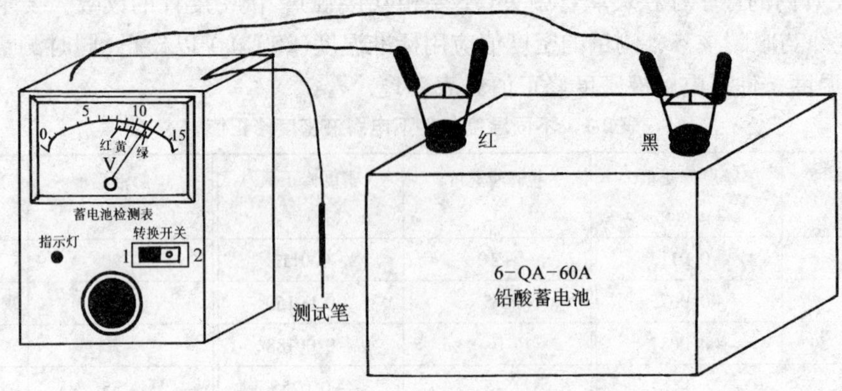

图 2-3　高率放电计的结构及测量方法

2）按下按钮开关，蓄电池开始瞬间大电流放电，在 5s 内读出电压表的负载电压指示数值。

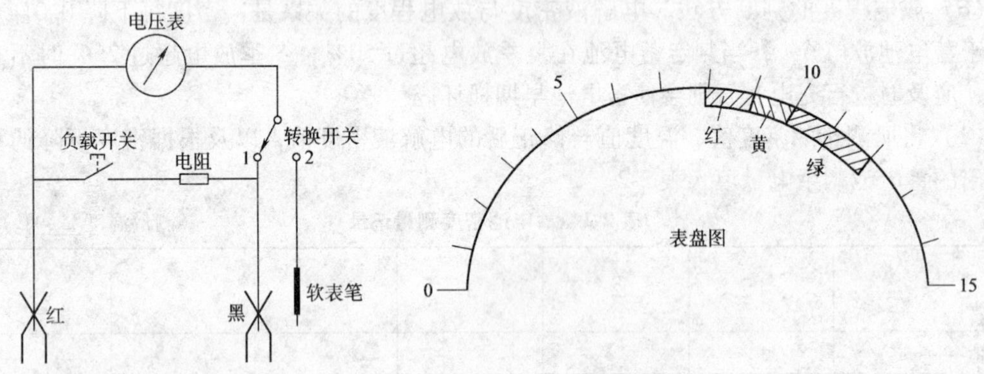

图 2-4　高率放电计原理及表盘图

若指针稳定在 10 ~ 12V 区间(绿色区域)，说明蓄电池蓄电充足，不需要充电。

若指针在 9 ~ 10V 区间(黄色区域)，说明蓄电池蓄电不足，需要充电。

若指针在 9V 以下区间(红色区域)，说明蓄电池严重亏电，要立即充电，才能使用。

如果空载电压基本符合要求，但负载时指针迅速下降至红色区域以下，说明蓄电池已经损坏。

注意：此项测量不能连续进行，必须间隔 1min 后才可以再次检测，以防止蓄电池损坏。

测量电压与放电程度的关系见表 2-3。

表 2-3　蓄电池测量电压与放电程度的关系

蓄电池开路端电压/V	≥12.6	12.4	12.2	12.0	≤11.7
高率放电计检测值/V	10 ~ 12	9 ~ 10		≤9	
高率放电计检测单格值/V	1.7 ~ 1.8	1.6 ~ 1.7	1.5 ~ 1.6	1.4 ~ 1.5	1.3 ~ 1.4
放电程度(%)	0	25	50	75	100

3）单格电压的检测。在负载检测后，立即进行单格电压的检测，可以发现蓄电池单格

性能是否正常，方法如下：

断开红色测试夹，将功能转换开关置于2，然后用附带软表笔依次从高电压单格进行测量(如无外部连接条,可将表笔插入加液孔,并触及内部极板)，显示数值应该逐次线性递减，如果哪个单格递减数值与其他相比较大，则说明此格电池组有故障，需要检修或者更换。

将测量结果填入表2-4。

表2-4　蓄电池电压测量记录

万用表测量端电压值/V			高率放电计测量电压值/V			
单格电压值/V						
根据测试结果估算容量(%)		100	75	50	25	0

实训二　蓄电池的维护

一、实训目的

1）掌握蓄电池的充、放电工作特性。

2）学习维护蓄电池作业的基本方法。

二、工具材料

汽车起动用铅酸蓄电池、密度计、吸液器、温度计、万用表、充电机。

三、操作要点及项目

1. 蓄电池的加液、补液和密度调整维护作业

（1）电解液的加注作业。初次使用的蓄电池，加液作业应该按照使用地区温度条件加注适当密度的电解液。不同的地区温度条件加注电解液的标准见表2-5。

表2-5　电解液密度标准

地区气候条件	完全充足电的蓄电池在温度为25℃时电解液的密度/(g/cm³)	
	冬　季	夏　季
冬季温度低于-40℃的地区	1.30	1.26
冬季温度高于-40℃的地区	1.28	1.25
冬季温度高于-30℃的地区	1.27	1.24
冬季温度高于-20℃的地区	1.26	1.23
冬季温度高于0℃的地区	1.24	1.23

根据本地区气候条件选择合适密度的电解液对蓄电池进行加液作业。加注电解液作业时需注意的问题：

1）需要调整电解液密度时，绝对禁止将蒸馏水倒入浓硫酸中，以免发生爆溅造成烧伤事故。

2）操作人员必须佩带防护镜、橡胶防酸手套、塑料围裙和高筒胶鞋，以防烧伤。如有硫酸溅到皮肤和衣服上时，应立即用质量分数为10%的碳酸钠水溶液中和，然后用清水清洗。

3）配置电解液时，因硫酸稀释放热，使电解液温度升高，因此配置好的电解液须待其冷却到35℃以下时，方可注入蓄电池内。

4）大容量的蓄电池初次加液时，内部会产生较高的温度，当外壳温度高于50℃时，应该采取将其放置在冷水槽中降温的措施。

5）干荷蓄电池加注电解液后需要静置30min后才能使用。

（2）蓄电池的补液维护作业。蓄电池的补液维护作业是在清洁和检测作业后进行的。其方法是：直接将专用蓄电池补液（蒸馏水）加入到蓄电池内部，满足液面高度要求即可。

禁止使用不符合要求的水作为补液加注，通常也不可以加注电解液替代蒸馏水使用。

（3）蓄电池的电解液密度的调整。对于经常使用的蓄电池，在维护作业时，如果单格电解液密度有明显不同时，应该进行密度调整，以防止放电内阻的变化影响其正常工作。具体方法是：在完成补充充电作业后，重复检查电解液密度，对于不符合标定值的单格，用吸液器抽出部分电解液，然后根据具体情况补充蒸馏水或者高密度电解液，至符合规定值，然后对其进行放电作业，待其放电终止后，按照规范补充充电至充电终止。

2. 蓄电池的充电作业

蓄电池的充电作业方法通常有恒压充电、恒流充电和脉冲快速充电三种。从延长蓄电池使用寿命角度出发，建议采用恒流充电方式。

蓄电池的充电作业根据使用情况，分初充电和补充充电两种工艺过程。

参见表2-6中蓄电池参数，采用恒流充电方法对蓄电池进行充电作业，将充电过程蓄电池参数的变化记录在表2-7中。然后根据记录数据绘制蓄电池充电特性曲线。

表2-6　蓄电池恒流充电规范

蓄电池型号	额定容量 C_{25} /(A·h)	额定电压 /V	初充电				补充充电			
			第一阶段		第二阶段		第一阶段		第二阶段	
			充电电流 /A	时间 /h	充电电流 /A	时间 /h	充电电流 /A	时间 /h	充电电流 /A	时间 /h
3-Q-75	75	6	5.25	30~40	2.25	25~30	7.5	10~12	3.75	3~5
3-Q-90	90	6	6.3	30~40	2.7	25~30	9	10~12	4.5	3~5
3-Q-120	120	6	8.4	30~40	3.6	25~30	12	10~12	6	3~5
6-Q-60	60	12	4.2	30~40	1.8	25~30	6	10~12	3	3~5
6-Q-90	90	12	6.3	30~40	2.7	25~30	9	10~12	4.5	3~5
6-Q-105	105	12	7.35	30~40	3.15	25~30	10.5	10~12	5.25	3~5
6-Q-120	120	12	8.4	30~40	3.6	25~30	12	10~12	6	3~5
6-QA-36	36	12	2.5	30~40	1	25~30	3.6	10~12	1.8	3~5
6-QA-40	40	12	2.8	30~40	1.2	25~30	4	10~12	2	3~5
6-QA-60	60	12	4.2	30~40	1.8	25~30	6	10~12	3	3~5
6-QA-75	75	12	5.25	30~40	2.25	25~30	7.5	10~12	3.75	3~5
6-QA-100	100	12	7	30~40	3	25~30	10	10~12	5	3~5

表 2-7　蓄电池充电记录　　　　（环境温度______℃）

<table>
<tr><td colspan="2">蓄电池规格型号</td><td colspan="4"></td><td colspan="4">充电机规格型号</td><td colspan="6"></td></tr>
<tr><td colspan="2">充电前蓄电池状态</td><td colspan="14">密度：___；端电压：___；高率放电计测量电压值：___；剩余电量：___。</td></tr>
<tr><td rowspan="4">一阶段充电记录</td><td>时间/h</td><td></td><td></td><td></td><td></td><td></td><td></td><td></td><td></td><td></td><td></td><td></td><td></td><td></td><td></td></tr>
<tr><td>密度/(g/cm³)</td><td></td><td></td><td></td><td></td><td></td><td></td><td></td><td></td><td></td><td></td><td></td><td></td><td></td><td></td></tr>
<tr><td>端电压/V</td><td></td><td></td><td></td><td></td><td></td><td></td><td></td><td></td><td></td><td></td><td></td><td></td><td></td><td></td></tr>
<tr><td>内部温度/℃</td><td></td><td></td><td></td><td></td><td></td><td></td><td></td><td></td><td></td><td></td><td></td><td></td><td></td><td></td></tr>
<tr><td rowspan="4">二阶段充电记录</td><td>时间/h</td><td></td><td></td><td></td><td></td><td></td><td></td><td></td><td></td><td></td><td></td><td></td><td></td><td></td><td></td></tr>
<tr><td>密度/(g/cm³)</td><td></td><td></td><td></td><td></td><td></td><td></td><td></td><td></td><td></td><td></td><td></td><td></td><td></td><td></td></tr>
<tr><td>端电压/V</td><td></td><td></td><td></td><td></td><td></td><td></td><td></td><td></td><td></td><td></td><td></td><td></td><td></td><td></td></tr>
<tr><td>内部温度/℃</td><td></td><td></td><td></td><td></td><td></td><td></td><td></td><td></td><td></td><td></td><td></td><td></td><td></td><td></td></tr>
<tr><td colspan="2">充电后蓄电池状态</td><td colspan="14">密度：___；端电压：___；高率放电计测量电压值：___；储存电量：___。</td></tr>
</table>

3. 蓄电池充电作业时注意事项

（1）严格遵守各种充电方法的操作规范。

（2）充电过程中，要及时检查记录各单格电池电解液密度和端电压。在充电初期和中期，每2h检查记录一次即可，接近充电终了时，每1h检查记录一次。如发现个别单格电池的端电压和电解液密度上升比其他单格电池缓慢，甚至变化不明显时，应停止充电，及时查明原因，消除故障。或单独进行小电流充电，使其恢复正常后，再与其他电池一起充电。

（3）整个充电过程中必须随时测量各单格电池的温度，以免温度过高影响蓄电池的性能。当电解液温度上升到40℃时，应立即将充电电流减半，减小充电电流后，如果电解液温度仍继续升高，应该停止充电，待温度降低到35℃以下时，再继续充电，也可以采用风冷或水冷的方法降温。

（4）初充电作业应连续进行，不可长时间间断。

（5）充电时，应旋开出气孔盖，使产生的气体能顺利逸出，以免发生事故。

（6）充电室要安装通风和防火设备，在充电过程中，严禁烟火。

附录　常用蓄电池的技术参数

蓄电池型号	额定电压/V	20h率额定容量/A·h	壳体材料	初充电电流/A	补充充电电流/A	外形尺寸/mm				重量/kg	
						长	宽	槽高	总高	无液	含液
3-QA-75	6	75	橡胶	5	7.5	191.5	172	210	230	12	17
3-QA-90	6	90	橡胶	6	9	217	172	210	230	14	19
3-QA-105	6	105	橡胶	7	10.5	242.5	172	210	230	16	21.5
3-QA-120	6	120	橡胶	8	12	272	172	210	235	18	24
3-QA-135	6	135	橡胶	9	13.5	297.5	172	210	235	20	26
3-QA-150	6	150	橡胶	10	15	323	172	210	235	21.5	28.5
3-QA-165	6	165	橡胶	11	16.5	352.5	172	210	235	23.5	31

（续）

蓄电池型号	额定电压/V	20h率额定容量/A·h	壳体材料	初充电电流/A	补充充电电流/A	外形尺寸/mm				重量/kg	
						长	宽	槽高	总高	无液	含液
3-QA-180	6	180	橡胶	12	18	378	172	210	235	25	33.5
3-QA-195	6	195	橡胶	13	19.5	403.5	172	210	235	28	36
6-QA-60	12	60	橡胶	4	6	286	172	202	224	20	24
6-QA-75	12	75	橡胶	5	7.5	337	172	204	225	23	28
6-QA-90	12	90	橡胶	6	9	419	172	210	232	27	33
6-QA-105	12	105	橡胶	7	10.5	442	172	204	226	30	28
6-QA-120	12	120	橡胶	8	12	514	184	210	235	34.5	44.5
6-QA-135	12	135	橡胶	9	13.5	514	184	210	235	37	47
6-QA-150	12	150	橡胶	10	15	514	201	210	235	40	50
6-QA-165	12	165	橡胶	11	16.5	514	218	210	235	42	55
6-QA-180	12	180	橡胶	12	18	514	235	210	235	49	63
6-QA-195	12	195	橡胶	13	19.5	514	252	210	235	51	66
6-QA-210	12	210	橡胶	14	21	514	269	210	235	53.5	68

注：表中所列为保定蓄电池厂生产的起动用铅酸蓄电池技术参数。

第三单元　汽车发电机与电压调节器的检测与试验

实训一　发电机的测量与拆解检修

一、实训目的

1）掌握对发电机进行测量的方法。

2）学习拆解检修及装配发电机作业的基本方法。

二、工具材料

汽车交流发电机、万用表、维修工具。

三、操作要点及项目

1. 发电机拆解前的检测

使用万用表对发电机外接线柱进行测量，可以初步判定发电机的状态。对于普通发电机拆解前的测量，建议使用指针式万用表，其测量结果依使用万用表型号不同，略有差异。常用发电机各接线柱间电阻值见表 3-1。

表 3-1　常用发电机各接线柱间电阻值

发电机型号	“F”与“E”间电阻/Ω	“B”与“E”间电阻/Ω		“N”与“E”或“B”间电阻/Ω	
		正向	反向	正向	反向
JF11、13、15、21、132N	4～7	40～50	$\geqslant 10\times10^3$	10～15	$\geqslant 10\times10^3$
JWF14(无刷)	3.5～3.8	40～50	$\geqslant 10\times10^3$	10～15	$\geqslant 10\times10^3$
夏利 JFZ1542	2.8～3.0	40～50	$\geqslant 10\times10^3$	10～15	$\geqslant 10\times10^3$
桑塔纳 JFZ1913	2.8～3.0	65～80	$\geqslant 10\times10^3$	10～15	$\geqslant 10\times10^3$

将测量发电机结果填入表 3-2 中，并据此判断发电机状态。

表 3-2　发电机测量结果

（使用万用表型号及档位：__________）

发电机型号	“F”与“E”间电阻/Ω	“B”与“E”间电阻/Ω		“N”与“E”或“B”间电阻/Ω	
		正向	反向	正向	反向

2. 发电机拆解作业

发电机的拆解按照以下操作步骤进行：

1）拆下电刷及电刷架(外装式)紧固螺钉，取下电刷架总成，如图 3-1 所示。

2）在前后端盖上做记号，拆下连接前后端盖的紧固螺栓，如图 3-2 所示，将其分解为与转子结合的前端盖和与定子连接的后端盖两大部分。

注意：不能单独将后端盖分离下来，否则会扯断定子绕组与整流器的连接线（即三相定子绕组端头）。

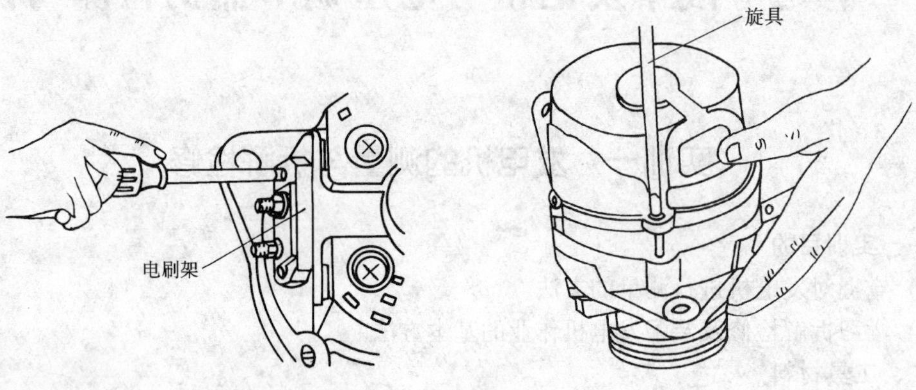

图 3-1　电刷架拆解　　　　图 3-2　前、后端盖的拆解

3）将转子夹紧在台虎钳上，拆下带轮紧固螺母，如图 3-3 所示，再依次取下带轮、风扇、半圆键、定位套。

4）将前端盖与转子分离，若该部件装配过紧，可用拉器拉开，如图 3-4 所示，或用木锤轻轻敲，使之分离。

注意：铝合金端盖容易变形，因此拆卸时应均匀用力。

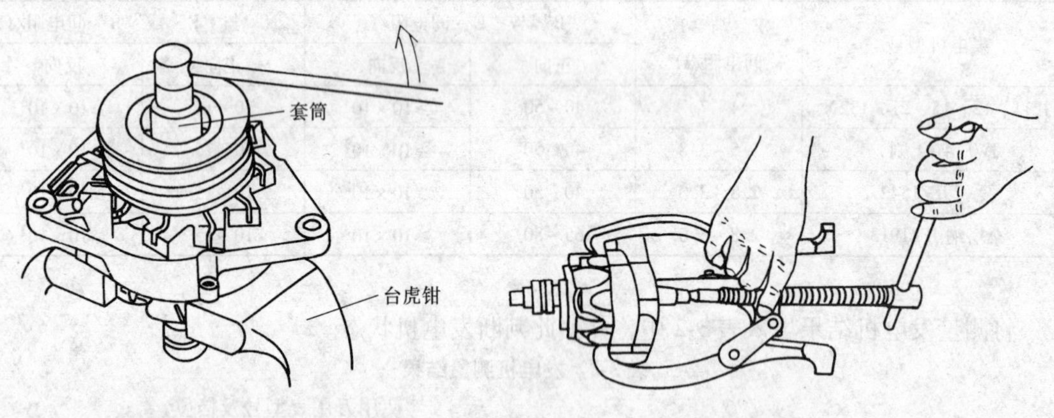

图 3-3　带轮的拆解　　　　图 3-4　前端盖的拆解

5）拆掉防护罩，拆掉图 3-5 所示的后端盖上的三个螺钉（其中 B 端子兼作“+”接线柱），即可将防护罩取下。

对于整体式发电机，先拧下“B”端子上的固定螺母并取下绝缘套管；再拧下后防尘盖上的三个带垫片的固定螺母，取下后防尘盖；然后拆下电刷组件的两个固定螺钉和调节器的三个固定螺钉，取下电刷组件和 IC 调节器总成；最后拧下整流器二极管与定子绕组的引线端子的联接螺钉，取下整体式整流器总成。

6）拆下定子上四个接线端（三相绕组首端及中性点）在散热板上的联接螺母，如图 3-6 所示，使定子与后端盖分离。

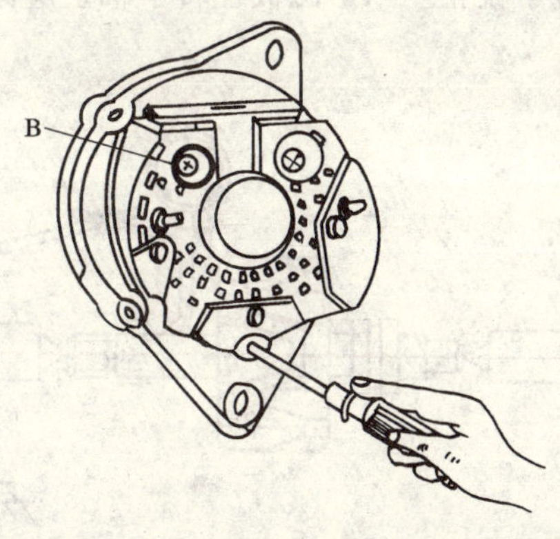

图 3-5　后端盖的拆解

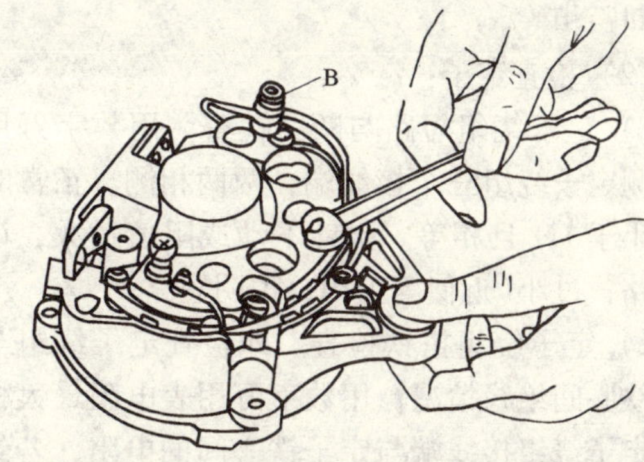

图 3-6　定子线圈与整流板的拆解

7）拆下后端盖上紧固整流器总成的螺钉，取下整流器总成，如图 3-7 所示。

注：若经检验所有二极管均良好，该步骤可不进行。

8）零部件的清洗。对机械部分可用煤油或清洗液清洗，对电气部分如绕组、散热板及全封闭轴承等宜用干净的棉纱擦拭去除表面尘土、污垢。

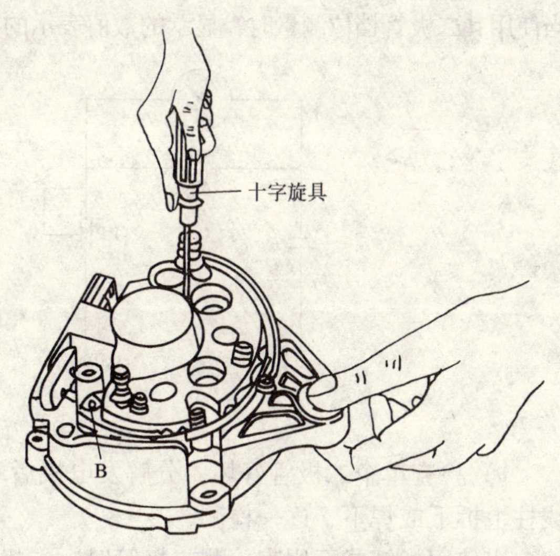

图 3-7　整流器的拆解

发电机的拆解要按照工艺要求进行，禁止生敲硬卸而损坏零件。拆解的零件要按照规范清洗并顺序摆放。对有问题的零件和拆解复杂部位的顺序和连接方法，必要时要有详细记录。

3. 发电机的检测

发电机拆解后检测转子、定子的电阻值及绝缘电阻，既可以使用指针式万用表，也可以使用数字式万用表。对于线圈电阻的测量，为取得较准确的数值，建议使用数字万用表。

（1）检查转子：

1）转子绕组（磁场绕组）短路与断路检查。用万用表 $R\times1\Omega$ 档检测两集电环之间的电阻，应符合技术标准。若阻值为∞，则说明断路；若阻值过小，则说明短路。一般 12V 发电机转子绕组电阻约为 3.5～6Ω，24V 的约为 15～21Ω。

2）转子绕组搭铁检查。即检查转子绕组与铁心（或转子轴）之间的绝缘情况。用万用表电阻最大档检测两集电环与铁心（或转子轴）之间的电阻，若表针有偏转，则说明有搭铁故障。正常应指示“∞”。

3）集电环（滑环）检查。集电环表面应平整光滑，无明显烧损，否则用 00 号砂布打磨。两集电环间隙处应无污垢。集电环圆度误差不超过 0.025mm，厚度不小于 1.5mm。

4）转子轴检查。转子轴检测方法如图 3-8 所示。用百分表检查轴的弯曲度，弯曲度不超过 0.05mm（径向跳动公差不超过 0.1mm），否则应予校正。爪形磁极在转子轴上应固定牢靠，间距相等。

（2）检查定子：

1）定子绕组短路与断路检查。用数字万用表检测定子绕组三个接线端，两两相测。正常时阻值小于 1Ω 且相等。指针不动或阻值过大，说明断路；过小（近似等于 0Ω）说明短路。

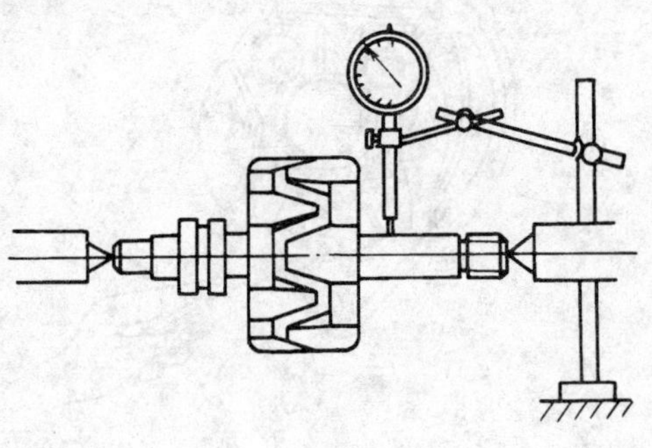

图 3-8　转子轴检测方法

2）定子绕组搭铁检查。即检查定子绕组与定子铁心间绝缘情况。用数字万用表电阻最大档检测定子绕组接线端与定子铁心间的电阻，若绝缘电阻小于等于 100kΩ，则说明有搭铁故障。正常应指示趋于∞。

（3）检查整流器二极管。测量二极管，既可以使用指针式万用表，也可以使用数字式万用表。这两种仪表的测量原理如图 3-9 所示。需要注意的是：数字万用表红表笔是内部电池的正极，当使用其二极管档位测量时，显示的数值表示的是二极管的正向压降值，单位是 mV。

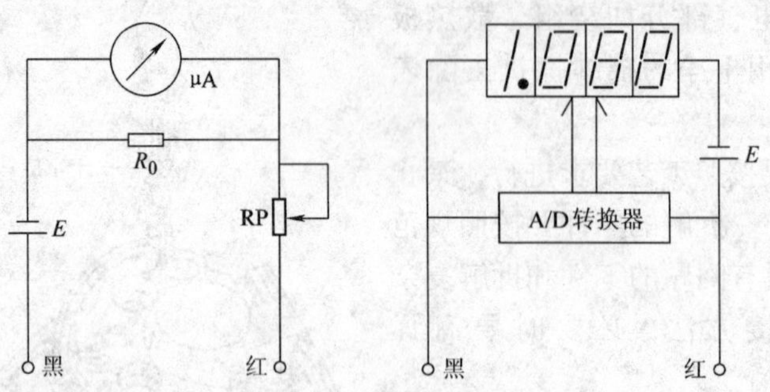

图 3-9　万用表结构图

1）检查单个二极管好坏。分解发电机后端盖和整流板，将每个二极管的中心引线从接线柱上拆下或焊下，逐一检测。

当使用指针式万用表检测二极管时，二极管的阻值随万用表内部电压高低，档位不同数值也会不同，通常使用 $R\times1\Omega$ 或者 $R\times10\Omega$ 档，测量正向电阻值，一般为几十欧姆；反向电阻值，一般为几十千欧以上。若正反向电阻值一大一小差异很大，说明二极管良好。若正、反向电阻均为∞，说明断路；若均为 0Ω，说明短路。使用数字万用表测量时，质量良好的二极管正向压降一般为 500 ~ 700mV，反向电阻为几百千欧。

对焊接式整流二极管来说，只要有一只二极管短路或断路，该二极管所在的正或负整流板总成就需要更换新品，如果二极管是压装在整流板或后端盖上，那么在二极管短路或者断路后，只需同型号规格的二极管更换故障二极管即可。

整流板二极管性能的判定，按照通常检测方法进行。

2）整体式整流器的检查。以图 3-10 中夏利轿车 JFZ1542 型整体式发电机为例说明。当检测负极管时，先将万用表黑表笔接“E”端（图中有三个部位），红表笔分别接 P_1、P_2、P_3、P_4 点，万用表均应导通，如不通，说明该负极管断路，则应更换整流器总成；再调换两表笔检测部位进行测量，万用表应不导通，如导通，说明该负极管短路，亦需更换整流器总成。当检测正极管时，先将万用表红表笔接整流器端子“B”；另一只表笔分别接 P_1、P_2、P_3、P_4 点进行检测，万用表均应导通，如不通，说明该正极管断路，则应更换整流器总成；再调换两表笔检测部位进行检测，此时万用表应不导通，如导通，说明该正极管短路，亦应更换整流器总成。

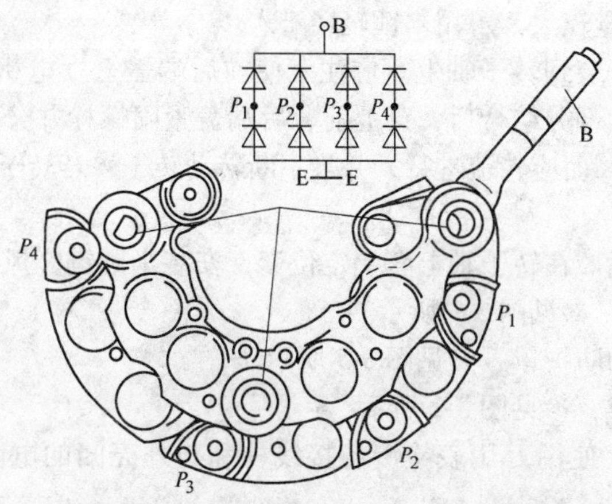

图 3-10 夏利轿车 JFZ1542 型整体式发电机整流板

（4）检查电刷组件。电刷表面不得有油污，且应在电刷架中活动自如，电刷磨损不得超过原高度的 1/2（用游标卡尺或钢直尺检测）；检测电刷弹簧压力时，当电刷从电刷架中露出长度 2mm 时，电刷弹簧力一般为 2～3N；电刷架应无烧损、破裂或变形。

（5）其他零件检查。检查轴承轴向和径向间隙均不应大于 0.20mm，滚珠、滚道无斑点，轴承无转动异响；检查前后端盖、带轮等应无裂损，绝缘垫应完好。

将上述检测结果记录于表 3-3。

表 3-3 发电机测量记录 （万用表型号：________）

转子阻值/Ω			转子绝缘电阻			定子阻值/Ω			定子绝缘电阻	
二极管测量	二极管编号	1	2	3	4	5	6	7	8	9
	正向测量值/Ω									
	数字表测量值/mV									
	反向测量值/kΩ									
集电环检测记录										
转子轴检测记录										
电刷检测记录										
轴承、端盖检测记录										

4. 发电机的装配

1）将整流器装到后端盖上，如图 3-7 所示，拧上三颗固定螺钉，整流器即被固定在后端盖上。

应注意各绝缘垫片不能漏装。装复后用万用表电阻档测量“B”接线柱与端盖间电阻应为∞。测量两散热板之间及绝缘散热板与端盖之间电阻，均应为∞。若上述电阻较小或者为零，表明漏装了绝缘垫片或套管，应拆开重装。

2）将定子总成与后端盖结合。装定子绕组上的四个接线端子从后端盖孔中穿出，将接线端分别连接在整流器的接线螺钉上，参见图 3-6 所示。

3）将前端盖装到转子轴上。先将前端盖上的轴承、轴承盖安装并紧固好，再将该部分套到转子轴上，若过盈量较大，可用木锤轻轻敲入。

4）将后端盖、定子装到转子轴上。应注意使前后端盖上发电机安装挂脚位置恰当（符合拆解标记）。上述两大部分结合后，穿上前、后端盖紧固螺栓并分几次拧紧。注意各螺栓的拧紧切不可一次完成，而应轮流进行，并且不断转动转子，若转子运转受阻或者内部有摩擦，应调整拧紧力矩。

5）装配风扇、带轮。在转子轴上套上定位套、安装半圆键、风扇叶片、带轮、弹簧垫圈，拧紧带轮紧固螺母，参见图 3-3 所示。

6）装复后端盖上的防护罩，参见图 3-5 所示。

7）安装电刷架总成，参见图 3-1 所示。

8）检验装配质量。使用万用表检测各接线柱和与外壳间的电阻值，应该符合参数要求。否则应该拆解重装。

实训二　发电机的试验

一、实训目的

1）学习汽车电器试验台的使用方法。

2）掌握发电机工作特性。

3）掌握使用汽车电器试验台检测发电机性能的技术。

二、工具材料

汽车交流发电机、TDQ—2 型汽车电器万能试验台。

三、操作要点及项目

1. TDQ—2 型汽车电器万能试验台的结构

汽车电器万能试验台是由多个电器检测仪器组装构成的整体仪器。它用于检测汽车上的发电机、电压调节器、起动机、分电器等电器设备的参数测试与性能试验。

TDQ—2 型汽车电器万能试验台是性能稳定、使用普遍的其中一种。其性能结构如下：

（1）基本结构。TDQ—2 型汽车电器万能试验台由台身、台面、调速电动机、升降龙门夹具、起动机制动器、感应仪、充电器、充磁器、仪表盘等主要部分组成。试验台所需附件装于台面下侧的抽屉中。结构的各部分分别在图 3-11 和图 3-12 中用序号标出。图 3-11 所示为 TDQ—2 型汽车电器万能试验台结构简图，各部分的名称及作用见表 3-4。

检测仪表、转换开关、接线插座、信号灯等安装于仪表盘上，如图 3-12 所示。

TDQ—2 型汽车电器万能试验台仪表板主要部件的名称及作用见表 3-5。

（2）使用注意事项：

1）使用前应仔细检查各零部件的装配质量是否良好，有无松动，各接线有无断裂、绝缘损坏或者接触不良等现象。

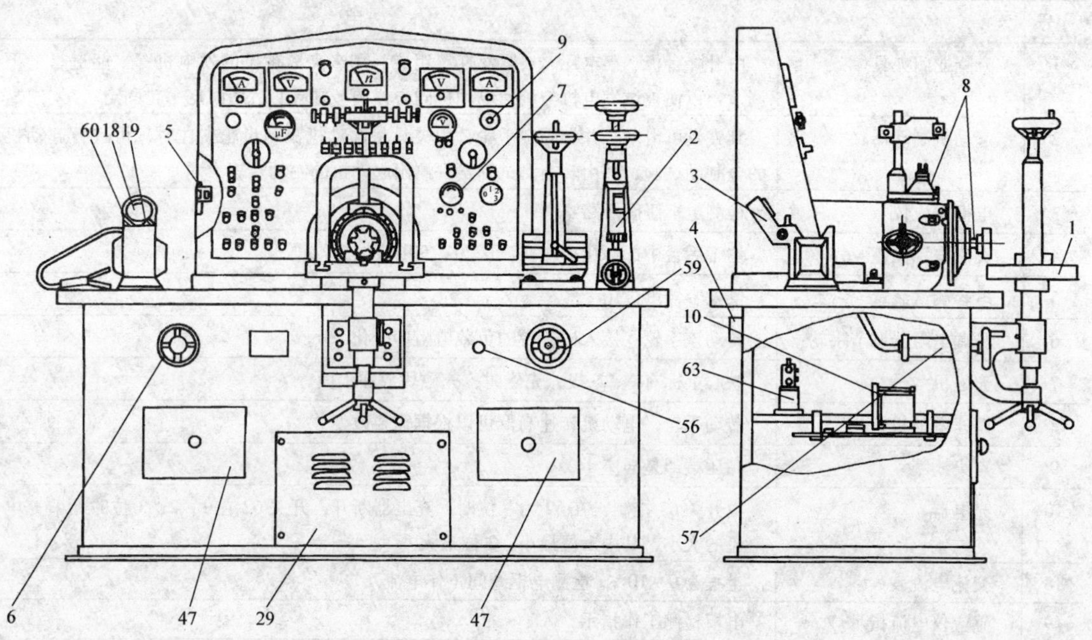

图 3-11　TDQ—2 型汽车电器万能试验台结构简图

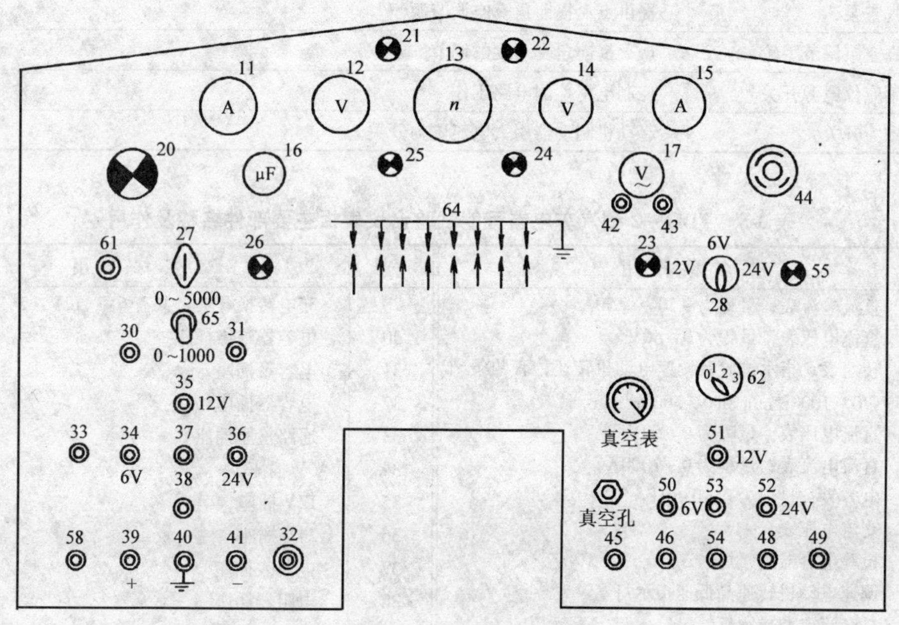

图 3-12　TDQ—2 型汽车电器万能试验台仪表板

表 3-4　TDQ—2 型汽车电器万能试验台结构主要部件名称及作用

序号	名　称	作　用
1	升降龙门夹具	由升降台板、集电环、夹紧丝杠等组成，用来夹紧被试的发电机等，能进行上下调节，以使被试发电机与调速电动机同心，调节好同心后用固定手轮固定
2	起动机制动器	其夹具可滑动，并有固定手轮，用夹具将起动机驱动齿轮夹住时，可进行起动机的全制动试验，并由转矩测试弹簧秤测出起动机的制动转矩
3	电枢感应仪	检测电枢匝间短路
4	交流电源插座	位于后台中部，接单相交流(220V、50Hz)电源
5	电容测试装置	供电容器测试用
6	可调电阻器调节手轮	转动该手轮，接入试验台的负载电阻即变化
7	充磁机	铁心上标有 N、S 极，充磁时，充磁块放在上面
8	调速电动机	转动手轮，电动机转速高低可以根据需要改变
9	点火线圈	高压端即是插座 44
10	充电器	由开关 62 控制，在 62 为零位时，充电器断开，开关 62 在 1，2，3 位时调节充电电流的大小，其中 1 位最小，3 位最大
18	交流电流表	量程为 0～10A，检测电枢线间工作电流
19	感应仪电流指示灯	电枢检测工作指示
29	直流电源	后盖板内，由两只 12V 蓄电池构成，对外提供 6V、12V、24V 直流电源
47	抽屉	用于存放附件、配件等
56	起动按钮	起动机制动器用大电流磁力开关按钮控制
57	真空泵	提供点火提前角真空调节源
59	真空泵调节手轮	点火提前角真空度的调节
60	感应仪电源开关	控制电枢检测电路工作
63	磁力开关	起动机制动器用大电流磁力开关

表 3-5　TDQ—2 型汽车电器万能试验台仪表板主要部件名称及作用

序号	名 称 作 用	序号	名 称 作 用
11	直流电流表，量程为 -50～+50A	28	充电转换开关，共有 6V，12V，24V 三档
12	直流电压表，量程为 0～50V	30	电容器绝缘插座
13	转速表，指示试验台调速电动机转速，有两条刻度：0～1000r/min 和 0～5000r/min	31	电容量插座
		32	电容器插座
14	直流电压表，量程为 0～50V	33	通路检验插座
15	直流电流表，量程为 0～1000A	34	6V 插座
16	电容表，量程为 0～0.5μF	35	12V 插座
17	交流电压表 0～15V	36	24V 插座
20	检验电容器用氖灯	37	电流表插座
21	调速电动机转速高低速指示灯	38	电阻器插座
22	总交流电源指示灯	39	“+”插座
23	充电器(对蓄电池充电)电源指示灯	40	接地插座
24、25	指示灯	41	“-”插座
26	电容器测试装置电源指示灯	42，43	交流电压表插座
27	调速电动机转换开关，图示位置为零位，可转向高速、低速	44	点火线圈高压端插座
		45	点火线圈初级“+”插座

（续）

序号	名称作用	序号	名称作用
46	调速电动机内断电器插座	55	直流电源指示灯
48	继电器调节器电枢插座	58	按钮
49	继电器调节器电池插座	61	电容测试装置电源开关
50	6V 插座	62	充电器电源开关
51	12V 插座	64	三针放电装置
52	24V 插座	65	转速表 13 不同量程控制开关，其中 0～1000r/min 与 27 低速对应，0～5000r/min 与 27 高速对应
53	电压表插座		
54	起动机接线插座		

2）按照规范接入 50Hz、220V(±10%)的单相交流电源，并保证良好接地。

3）打开试验台后门，按图 3-13 所示接好直流电源线(对于只做 12V 试验的项目,可以只接入 +→12V 单相电源)。

4）调速电动机的使用。接通电源后，接通开关 27，顺时针方向转动调速手轮，调速电动机反时针方向转动；反时针方向转动调速手轮，调速电动机顺时针方向转动。试验完毕应首先关掉开关 27，再将指针摇至“0”位。

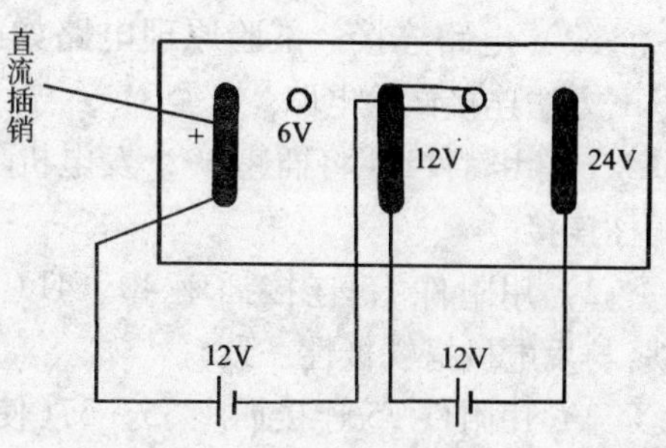

图 3-13　直流电源接线图

5）转速表有两条刻度线，用开关 65 控制，试验时应根据要求选择档位，以免过量程而损坏表头。

6）使用负载电阻时，通常应将调节手轮由电阻值最大位置缓缓减小。使用完毕后，负载电阻应该恢复为阻值最大的位置。

7）使用试验台时，台面应清洁，不得将无关零件、工具、附件等杂物堆放在台上。

8）检验发电机、磁电机等时，选用的六角套管与橡胶接头连接要牢固，使其同心，被试物一定要夹紧。

9）高压试验时，不得用手触及下面的火花针及分电盘。

10）正式试验前，应先做空载运行，无异常时方可进入正式试验。试验完毕后及时切断交、直流电源。

2. 发电机的空载试验

发电机空载试验前，应该查阅该型号发电机的相关参数，作为检测依据。

空载试验步骤如下：

(1) 装夹发电机：

1）选好连接套筒，准备好联轴器，如图 3-14 所示。

2）将被试发电机置于升降龙门夹具的 V 形块上，如图 3-15 所示。

3）用套筒、联轴器连接发电机与试验台上的调速电动机。

4）转动升降龙门夹具上方的手轮，将发电机夹紧。应注意使各接线柱放在便于接线的位置上。夹紧时的夹紧力不能过大，否则会使发电机因变形而“扫膛”。

5）调整龙门夹具的高度，用手转动发电机转子，来观察发电机是否与调速电动机同

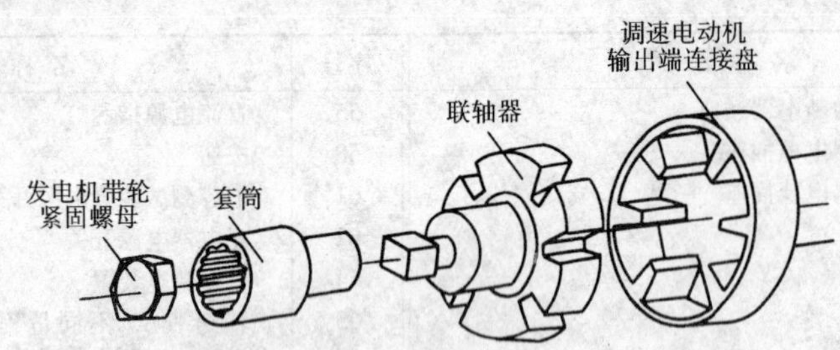

图 3-14　联轴器安装图

心，保证同心后，将图 3-15 所示下部右侧的手轮锁紧。

(2) 电路连接：试验原理电路如图 3-16 所示，按以下方法连接试验电路。

1) 用附件 F4 将插座 39，发电机“F2”，“+”接线柱连接。

2) 用附件 F5 连接插座 40、41(使试验台负极搭铁,与发电机搭铁极性一致)。

3) 用附件 F5 连接插座 35、37(使试验台为发电机提供 12V 励磁电源,为发电机他励,若发电机为 24V,则应连接插座 36、37)。

4) 用附件 F8 连接发电机“F1”与“-”(使发电机磁场绕组一端搭铁,对内搭铁发电机无此项操作)。

(3) 试验操作(见图 3-17)：

1) 旋转开关 27 至低速挡，相应转动转速量程开关 65 至 0～1000r/min 档。

2) 根据电动机旋转正方向，慢慢摇动调速电动机的调速手轮，使其转速逐渐上升，观察直流电压表 12 (显示蓄电池或发电机电压)、励磁电流表 11(此时电流表指针左偏转,显示他励值)和转速表 13(显示调速电动机即被试发电机转速)。

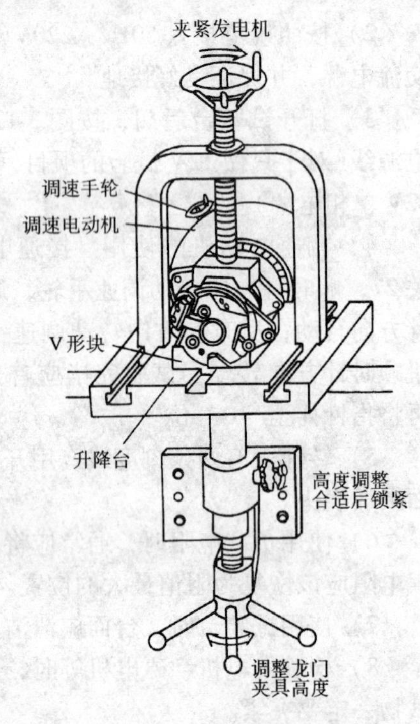

图 3-15　装夹发电机

3) 当电压表读数大于 12V、励磁电流表指针越过“0”位右偏转时，拔出连接插座 35、37 的附件 F5(使发电机自励)。

4) 继续升高并调整电动机转速，使电压表读数稳定在其规定值 14V 上，观察并记录此时的转速，该转速应不大于发电机的空载转速(由查阅参数决定)。

在试验过程中，还应注意听发电机内有无异响，看有无明显抖动，若有上述异常现象发生，应停止试验，查明原因，排除故障后再进行。

(4) 停止试验。反方向摇动调速电动机手轮，使电动机停止转动，将开关 27 旋至断开位置(零位)，电动机即停止运转。

(5) 将发电机空载试验数据填入表 3-6，画出其空载特性曲线，对发电机做出综合评价。

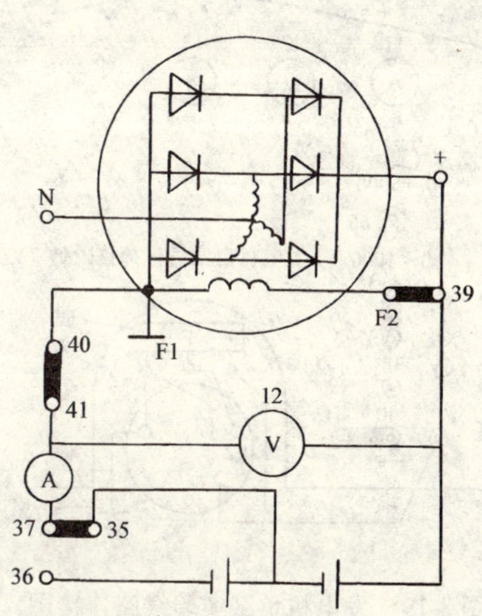

图 3-16 发电机空载试验原理图

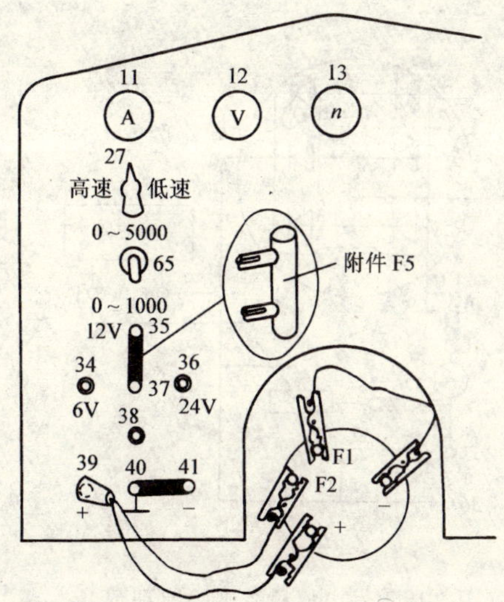

图 3-17 发电机空载实验线路连接图

表 3-6 发电机空载试验数据

转速/(r/min)	0										
输出电压/V											14
励磁电流/A				0							

3. 发电机的负载试验

负载试验在空载试验合格的基础上进行。发电机在试验台上的固定与上述 2 中的相同。

(1) 电路连接。试验原理电路如图 3-18 所示。试验电路连接方法如下:

1) 用附件 F5 连接插座 40、41(使试验台负极搭铁)。

2) 用附件 F4 连接插座 39 与发电机“+”、调节器“+”接线柱。

3) 用附件 F8 连接发电机“F2”与调节器“F”接线柱。

4) 用附件 F8 连接发电机“F1”与“-”接线柱(内搭铁发电机无此项操作)。

5) 用附件 F5 连接插座 35、37(使试验台提供 12V 电源为发电机他励)。

连接后的电路如图 3-19 所示。

(2) 加载前的操作:

1) 摇转可变电阻手轮,将可变电阻调至最大。

2) 旋转开关 27 至低速档,转速量程开关 65 相应扳至 0～1000r/min 档。

3) 根据发电机旋转方向,摇动调速手轮,使转速逐渐升高,并观察电压表 12,使其读数稳定在约 13V 上(此时励磁电流表 11 指针偏转至右侧)。

4) 拔掉连接插座 35、37 的附件 F5。

(3) 加载试验:

1) 用附件 F5 连接插座 37、38(使发电机能对外输出电流)。

2) 将开关 27 转换至高速,相应变换量程开关 65 至 0～5000r/min 档。

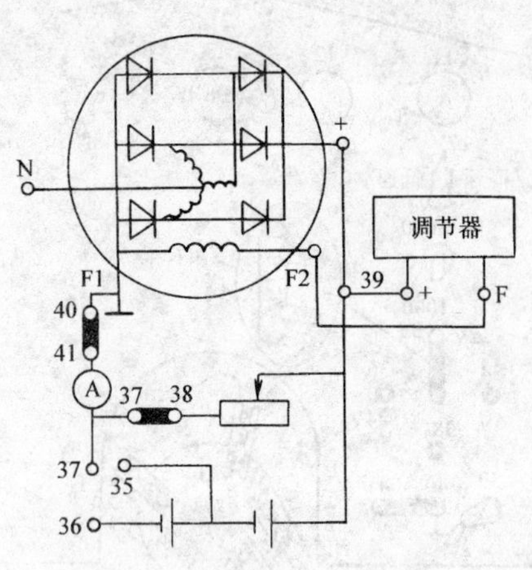

图 3-18　发电机负载试验原理图

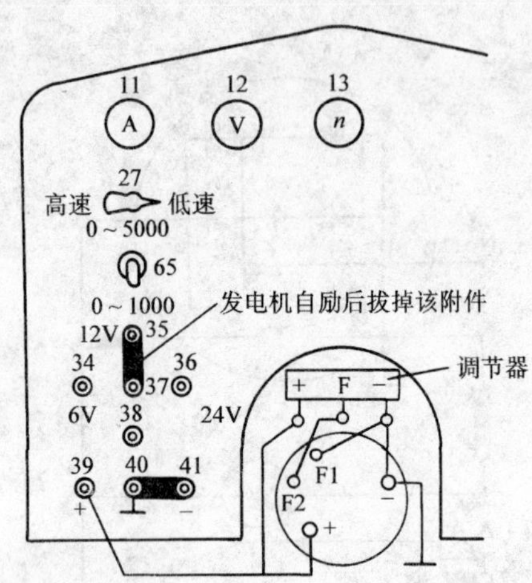

图 3-19　发电机负载实验线路连接图

3）继续转动电动机调速手轮，并调整可调电阻调节手轮，观察电流表 11（发电机对外供电电流的大小）和电压表 13（发电机电压的高低）。

4）当输出电流为发电机额定值（由查阅参数决定），输出电压达到规定值（14V）时，记录转速表 13 的读数（该转速为满载转速），若发电机转速在规定范围内为发电机良好。

（4）停止试验。反向摇动调速手轮和可调电阻调节手轮，降低发电机转速至最低，将开关 27 转至断开位置（零位）。

（5）将发电机负载试验数据填入表 3-7，画出其负载特性曲线，对发电机做出综合评价。

表 3-7　发电机负载试验数据

转速/（r/min）	0										
输出电压/V											14
输出电流/A											
励磁电流/A				0							

实训三　电压调节器的检测与试验

一、实训目的

1）掌握各类电压调节器的基本工作特性。

2）掌握对电压调节器检测、试验的方法。

二、工具材料

万用表、直流稳压电源、电磁振动式和电子式电压调节器。

三、操作要点及项目

1. 电子控制式电压调节器的检测

电子控制式电压调节器是全封闭模块，对它的性能检测通常按以下方法进行：

（1）使用万用表测量各接线柱之间的电阻值，初步判断其性能。当使用此方法时，要注意选择合适的电阻档位，以及使用万用表的种类与型号。对于测量结果只能与表中数据对照参考。常见电子控制式电压调节器各接线柱之间正常电阻参考数值见表 3-8。

表 3-8　常见电子控制式电压调节器各接线柱之间的电阻值

调节器型号	“+”与“-”之间电阻/Ω		“+”与“F”之间电阻/Ω		“F”与“-”之间电阻/Ω	
	正向	反向	正向	反向	正向	反向
JFT121	200 ~ 300	200 ~ 300	90	>50k	110	>50k
JFT241	400 ~ 500	400 ~ 500	110	>50k	110	>50k
JFT126	1.5 ~ 1.6k	1.5 ~ 1.6k	4.6 ~ 5k	7.8 ~ 8k	5.5k	6.5 ~ 7k
JFT246	3000	3000	4.6 ~ 5k	9.5 ~ 10k	5.5k	8.5k
JFT106	1.4 ~ 1.6k	1.4 ~ 1.6k	1.5 ~ 2k	3 ~ 4k	1.4 ~ 1.6k	3 ~ 4k
JFT107	1.4 ~ 1.6k	1.4 ~ 1.6k	1.5 ~ 2k	3 ~ 4k	1.4 ~ 1.6k	3 ~ 4k
JFT 206/207	1.5 ~ 2k	1.5 ~ 2k	1.3 ~ 1.5k	2 ~ 3k	1.3 ~ 1.5k	4 ~ 6k
JFT 141/142B	1.2 ~ 1.6k	3.5 ~ 4k	500 ~ 700	5.7 ~ 7.5k	550 ~ 600	3.9 ~ 4k
JFT 241/242B	1.6 ~ 1.8k	3 ~ 3.3k	650 ~ 700	5 ~ 5.5k	550 ~ 600	4.3 ~ 5k

（2）使用可调直流稳压电源和试灯试验其性能。使用可调直流稳压电源（输出电压 0 ~ 30V，电流 5A）和一只 20W 的汽车灯泡代替发电机磁场绕组，按图 3-20 接线进行试验。

注意：检查内搭铁式调节器时，试灯应接在调节器“F”与“-”接线柱之间；检查外搭铁式调节器时，试灯则应接在调节器“F”与“+”接线柱之间。

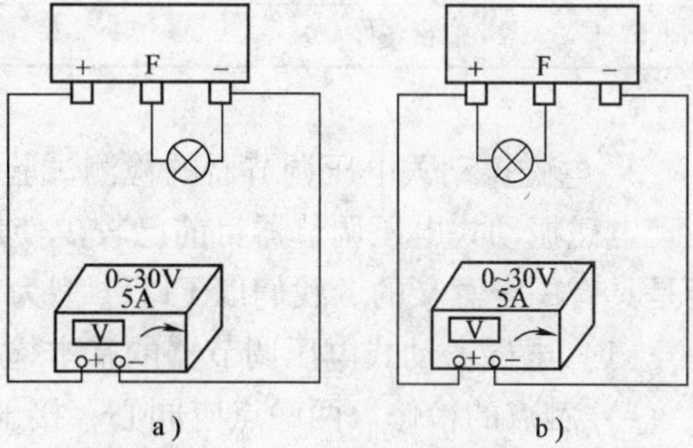

图 3-20　用直流稳压电源检查电子式调节器接线图

a）内搭铁式调节器　b）外搭铁式调节器

调节直流稳压电源，使其输出电压从零逐渐升高，14V 调节器当电压升高到 6V（28V 调节器电压升高到 12V）时，试灯开始点亮；随着电压的不断升高，试灯逐渐变亮，14V 调节器当电压升高到（14 ± 0.5）V（28V 调节器当电压升高到 28V ± 1V）时，试灯应立即熄灭。继续调节直流稳压电源，使电压逐渐降低，试灯又重新变亮，且亮度随电压的降低逐渐减弱，则说明调节器良好。

当施加到电子式电压调节器上的电压超过调节电压规定值时，试灯仍不熄灭，或者起控电压数值与规定值相差较大时，说明调节器有故障，已不能起调节作用；如试灯一直不亮，也说明调节器有故障，这样的调节器不能使用在汽车发电机上。

注意在试验时，应该使用万用表检测电压，而不应以稳压电源指示数值为准。

（3）使用万能试验台试验。由于电子式电压调节器结构紧凑，控制精度较高，且不需要进行外部调整，所以对其进行性能试验主要是检测调节电压数值和负载特性。

使用万能试验台测试电子式电压调节器的原理如图 3-21 所示；接线方法如图 3-19 所示。

检测方法如下：

1）调节电压值试验。该试验所用发电机必须是经过试验性能合格的发电机，将负载电阻调至最大值，接通调速电动机的电源开关 27，速度表选择开关 65 置于 0 ~ 5000r/min 档位，逐渐升高转速，用连接插件短暂接通 37 与 35 插销孔，向被试发电机励磁，待转速达到 3500r/min 时，连接 37 和 38 并调节负载电阻，使电流值达到试验调节器的规定值（额定电流的 50%），此时的电压值即为调节器调节电压值。此电压值应符合规定：通常对于 12V 电源系统调节电压为 13.5 ~ 14.5V，24V 电源系统调节电压为 27 ~ 29V。

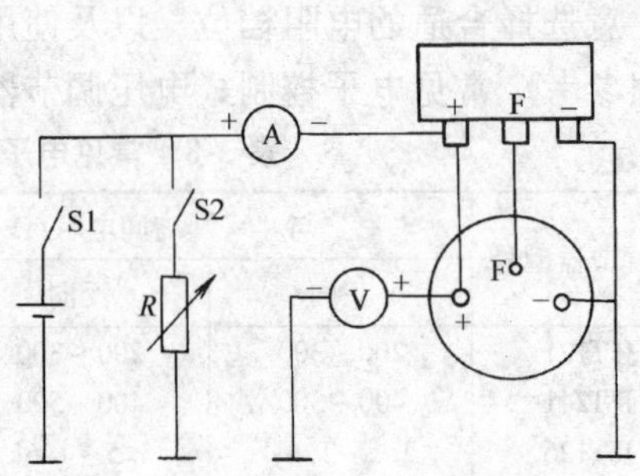

图 3-21　电子式电压调节器的试验线路

2）负载特性试验。在调节电压值试验合格后，将转速稳定在 3500r/min，使电流值在额定值的 10% ~ 30% 范围内变化，电压波动值应符合规定值（12V 系列：<1V；24V 系列 <2V）。

将检测结果填入表 3-9。

表 3-9　电子式电压调节器检测记录

调节器型号			万用表型号		使用档位	
测量电阻	"+"与"−"间电阻/Ω		"+"与"F"间电阻/Ω		"F"与"−"间电阻/Ω	
测量结果						
调节电压值	测试条件：				试验结果	
负载特性	测试条件：				试验结果	

2. 电磁振动式电压调节器的检测试验

电磁振动式电压调节器目前已较少使用，对其的检测和调整方法，对于提高专业操作技能是具有一定意义的。我们以 FT111 型为例进行检测、试验。

（1）电磁振动式电压调节器的基本检测和调整。

1）触点的检修。两触点应同心，接触面积应不小于 85%，触点表面应平整、光洁。如有轻微烧蚀，应用 00 号砂布（对折后使用）修磨。修磨后或触点表面有脏污时，应用清洁纸擦拭净表面。

触点在断电状态下，用万用表测量两触点间的电阻，应为零，否则表明触点接触不良。

2）调节器衔铁间隙的检查与调整。触点在断电状态下，使用塞尺检查，活动触点臂与铁心的间隙应为 1.4 ~ 1.5mm，如图 3-22 所示，若间隙不符合要求，可松开固定触点臂上的固定螺钉，上下移动固定触点臂，如图 3-23 所示，使间隙符合要求后，然后将固定螺钉拧紧。

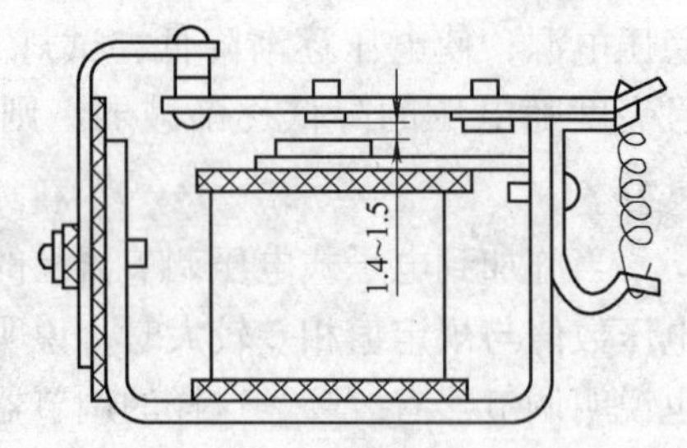

图 3-22　调节器衔铁间隙尺寸

3）调节器电阻的测量。FT111 型调节器内部有调节电阻、补偿电阻和附加电阻，以及电磁线圈电阻，其结构如图 3-24 所示。使用万用表对其进行测量，并与标准值进行比较。

常用电磁振动式电压调节器参数见表 3-10。

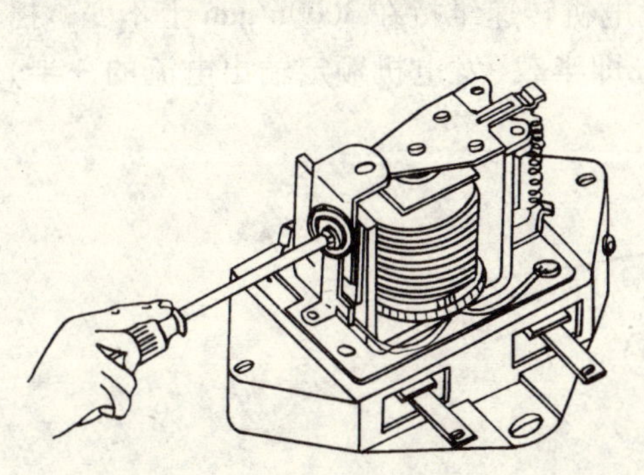

图 3-23　调节器衔铁间隙调整方法

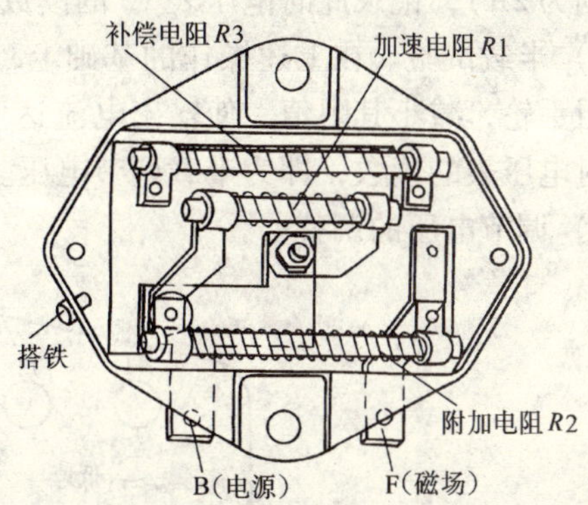

图 3-24　内部电阻结构图

表 3-10　常用电磁振动式电压调节器参数

型　　号	电 磁 线 圈			内部电阻/Ω			继电器线圈
	线径/mm	匝数	电阻/Ω	调节电阻	加速电阻	补偿电阻	
FT111	ϕ0.31	900	8.8	150	4	15	
FT121	ϕ0.29	1400	18	300	8	60	
FT61	ϕ0.31	850	9.5	8.5	1	13	
FT61A	ϕ0.20	2200	53	40	2	80	启动线圈：1400 匝，$R=35\Omega$ 维持线圈：$R_1=35\Omega$；$R_2=65\Omega$
FT70	ϕ0.29	700	7.2	9	0.4	20	
FT70A	ϕ0.21	1540	30	40	2	80	
FT121	ϕ0.31	900	8.8	150	4	15	$\phi_1=0.21$mm　1400 匝 27Ω $\phi_2=0.27$mm　700 匝 13Ω
FT221	ϕ0.29	1400	18	250	15	60	$\phi_1=0.15$mm　2300 匝 85Ω $\phi_2=0.19$mm　1400 匝 52Ω

（2）使用万能试验台试验和调整

1）发电机的固定及调节器试验电路的连接。发电机的固定、连接作业方法与空载试验相同，参见图 3-15 所示。

2）轻载试验(见图 3-25)。

① 摇动可调电阻手轮，使可调电阻达最大值，旋转开关 27 至低速档，相应扳动转速量程开关 65 至 0～1000r/min 档。

② 摇动调速电动机调速手轮，使其转速不断升高至电压表读数大于 12V(发电机他励)时，拔掉连接插座 35、37 的附件 F5，并用附件 F5 连接插座 37 与 38。

③ 将开关 27 转至高速档，并将转速量程开关 65 转至 0～5000r/min 档，调整调速手轮，使发电机转速稳定在 3000r/min 上。

④ 转动可调电阻手轮，使电流表 11 的读数为 4A，即轻载状态(24V 系统发电机的轻载电流则为 2A)，记录此时电压表 12 的读数，即为调节器的轻载调节电压值。

3）半载试验。在上述操作的基础上，使发电机转速维持在 3000r/min 上不变，摇动可调电阻手轮，减小其阻值，使输出电流达 18A，即半载(发电机额定输出电流的一半)，记录此时电压表的读数，即为半载调节电压。

4）调节电压的调整。

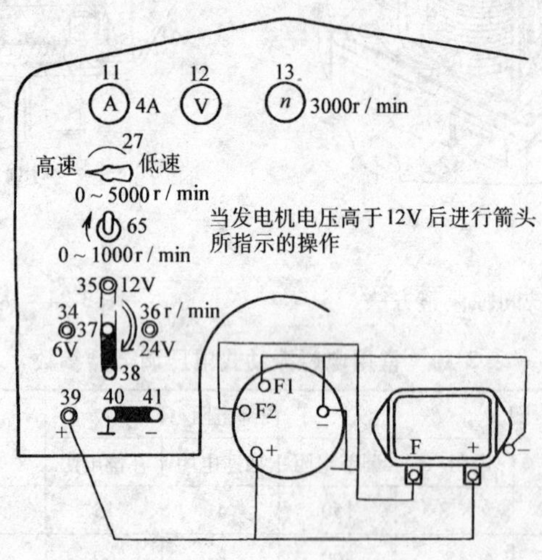

图 3-25　调节器试验接线图

① 轻载调节电压应符合要求(13.5 ~14.5V 范围内)。若轻载调节电压不符合要求，应改变弹簧张力，予以调整。如图 3-26 所示，弹簧张力增大，调节电压将升高。

② 轻载与半载调节电压之差应不大于 0.5V，否则应调整衔铁间隙，如图 3-26 所示。若轻载调节电压高于半载调节值，应减小该间隙，反之增大该间隙。

5）调整后的检查。调节电压值经调整后，应再按上述方法对调节器重新试验与调整，直至合格。

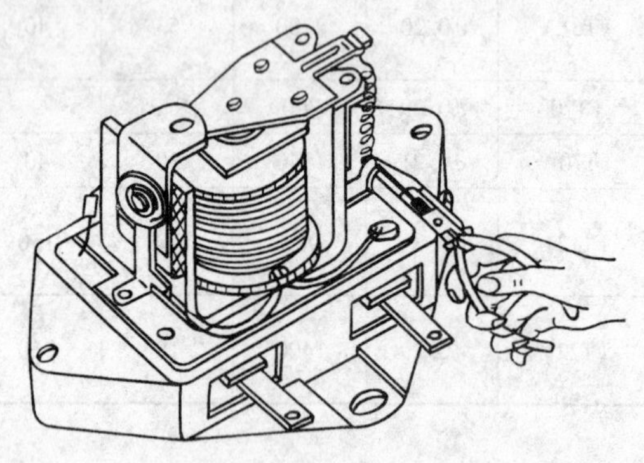

图 3-26　调节电压的调整

将检测结果填入表 3-11。

表 3-11　电磁振动式电压调节器检测记录

调节器型号			万用表型号		使用档位	
测量电阻	调节电阻/Ω	加速间电阻/Ω		补偿间电阻/Ω	线圈电阻/Ω	
测量结果						
轻载试验	测试条件：				试验结果	
半载试验	测试条件：				试验结果	

附录一　部分常用交流发电机的技术参数

生产厂	型　号	规格		空载特性		满载特性			配用调节器型号	质量/kg	适用车型
		电压/V	功率/W	电压/V	转速/(r/min)	电压/V	电流/A	转速/(r/min)			
上海汽车电机二厂	JFZ1211	14	200	14		14	14.5	3500	JFT1402		495A
上海汽车电机二厂	JFZ1311Y	14	350	14		14	25	3500	JFT1403		490Q
上海汽车电机二厂	JFZ1514Y	14	500	14		14	36	4800	JFT1403		SH7321
上海汽车电机二厂	JFZ1815Z	14	770	14	1100	14	55	4800	JFT1403	5.7	标致
上海汽车电机二厂	JFZ1813Z	14	1260	14	1050	14	90	6000	9RC2044	5.7	桑塔纳
上海汽车电机二厂	JF173	14	750	14		14			JFT106	5.7	红旗
上海汽车电机二厂	JFZ1314-1	14	350	14		14	25		FT111	3.7	解放 CA
长沙汽车电器厂	JF13A	14	350	14	1000	14	25	2500	FT61	4.5	跃进
长沙汽车电器厂	JF132N	14	350	14	1000	14	25	2500	FT61	4.5	东风
长沙汽车电器厂	JF152	14	500	14	1100	14	36	2700	FT61	5	解放
长沙汽车电器厂	JF1324	14	350	14	1100	14	25	2200	FT61	4.5	东风
长沙汽车电器厂	JF1326	14	350	14	1250	14	25	4800		3.6	大发
长沙汽车电器厂	JFZ1913Z	14	1000	14	1050	14	90	6000	JFT153A	6.1	桑塔纳
长沙汽车电器厂	JF15	14	500	14	1000	14	36	2500	FT61		红旗
仙游电机厂	W14X	14	500	14	1000	14	36	2500			
仙游电机厂	W15X	14	500	14	1000	14	36	2500			
仙游电机厂	W28X	25	500	28	1000	28	18	2500			

附录二　部分常用电磁振动式电压调节器的技术参数

型　号	规格		搭铁极性	电气参数		配用发电机规格/(V/W)	适用车型
	额定电压/V	额定功率/W		继电器闭合电压/V	调节电压/V		
FT61	14	350,500	负		13.2~14.2	14/350	解放、东风
FT70	14	500	负		13.2~14.2	500	解放、东风
FT121	14	350,500	负		13.5~14.5	14/500	带充电指示灯
FT122	14	500	负		13.5~14.5	14/500	依发 W50 等
FT111	14	500	负		13.5~14.5	14/500	各种 12V 汽车
FT61A	28	500	负	8~10	27.6~29	14/500	各种 12V 汽车
FT70A	28	500	负		27.6~29.6	28/500	柴油车
FT126	14		负	4.5~5.5	13.8~14.6	28/500,750	柴油车

附录三　部分常用电子式电压调节器的技术参数

型　　号	规　　格		调节电压/V	配用发电机规格 /(V/W)	适 用 车 型
	额定电压/V	额定功率/W			
JFT121	14	500	13.5～14.5	14/350，500(JF15 系列)	12V 汽车
JFT124	14	350	13.5～14.5	14/350(JF13 系列)	12V 汽车
JFT126	14	350	13.5～14.5	14/350，500	12V 汽车
JFT106	14	750	13.5～14.5	14/750，九管发电机	解放 CA1091
JFT106	14	1000	13.5～14.5	14/1000，六管外搭铁	红旗轿车
JFT207	28		27～29	JF1000 发电机	12V135 柴油机
JFT244	28	500	27～29	JF25A 发电机	24V 汽车
JFT241	28	1000	27～29	JF28 发电机	

第四单元　汽车起动机的检测与试验

实训一　起动机的测量与拆解检修

一、实训目的

1）掌握起动机的拆装顺序。

2）了解起动机各零件名称和作用。

3）掌握对起动机进行简单测量的方法。

4）学习拆解检修及装配起动机作业的基本方法。

二、工具材料

汽车用起动机、万用表、维修工具。

三、操作要点及项目

1. 起动机拆解和清洗

（1）首先将待修起动机外部的尘污、油污清除。

（2）旋出防尘盖固定螺钉，取下防尘盖，用专用钢丝钩取出电刷；拆下电枢轴上止推圈处的卡簧，如图 4-1 所示。

（3）用扳手旋出两紧固穿心螺栓，取下前端盖，抽出电枢，如图 4-2 所示。

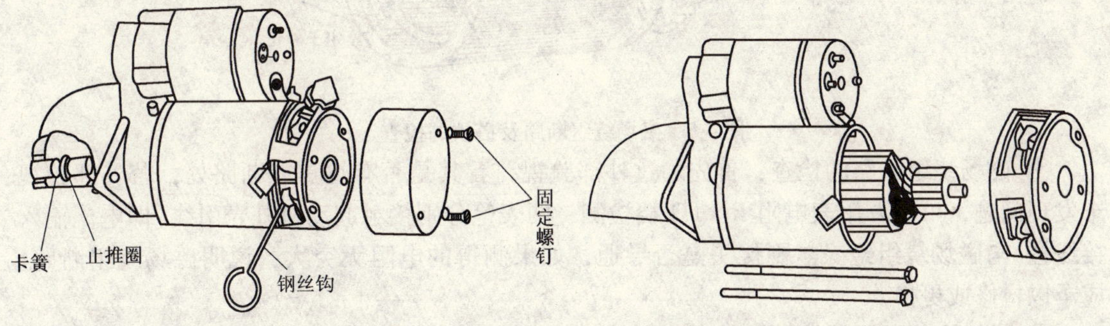

图 4-1　拆解防尘盖　　　　图 4-2　取出前端盖和电枢

（4）拆下电磁开关主接线柱与电动机接线柱间的导电片；旋出后端盖上的电磁开关紧固螺钉，使电磁开关后端盖与中间壳体分离，如图 4-3 所示。

（5）从后端盖上旋下中间支承板紧固螺钉，取下中间支承板，旋出拨叉轴销螺栓，抽出拨叉，取出离合器，如图 4-4 所示。

各总成是否继续进一步分解，应视具体情况而定。

（6）对分解的零部件进行清洗。清洗时，对所有的绝缘部件，只能用干净布蘸少量汽油擦拭，其他机械零件均可放入煤油或柴油中洗刷干净并晾干。

2. 起动机主要部件的检测

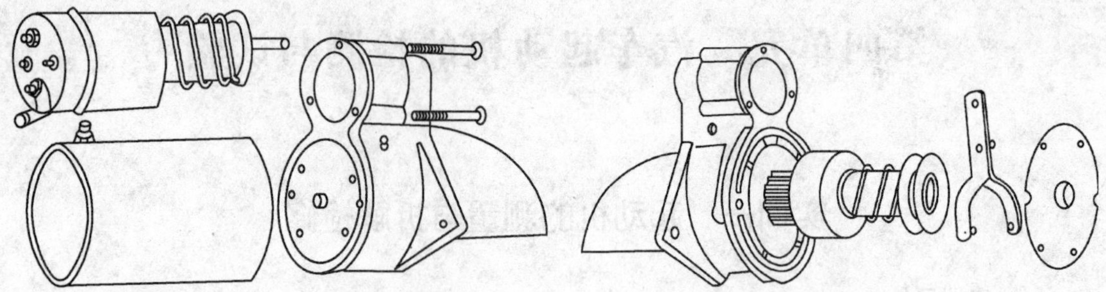

图 4-3　分离电磁开关与壳体　　　　图 4-4　取出离合器

（1）直流电动机的检修：

1）磁场绕组（定子）的检查（见图 4-5）。

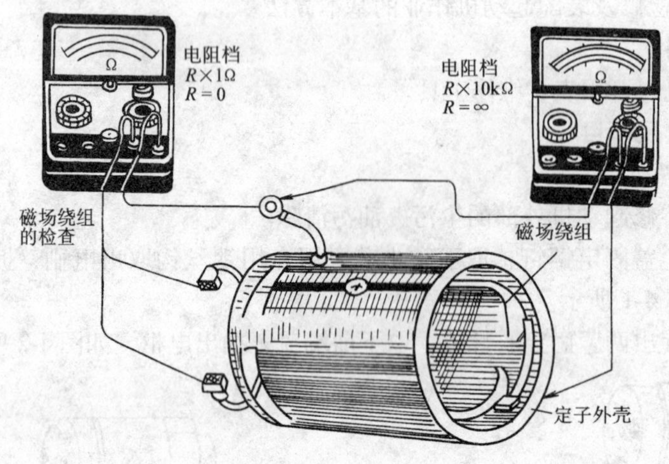

图 4-5　磁场绕组断路及搭铁的检查

① 磁场绕组断路的检查：首先通过外部验视，看其是否有烧焦或断路处，若外部验视未发现问题，可用万用表电阻 $R\times1\Omega$ 档检测，两表笔分别接触起动机外壳引线（即电流输入接线柱）与磁场绕组绝缘电刷接头是否导通，如果测得的电阻无穷大，说明磁场绕组断路，应予以检修或更换。

② 磁场绕组搭铁的检查：用万用表电阻 $R\times10\mathrm{k}\Omega$ 档（或数字万用表高阻档）检测磁场绕组电刷接头与起动机外壳是否相通，如果相通，说明磁场绕组绝缘不良而搭铁；如果阻值较小，说明有绝缘不良处，应检修或更换磁场绕组。

③ 磁场绕组短路的检查：可用 2V 直流电进行接线，如图 4-6 所示。电路接通后，将旋具放在每个磁极上，检查磁极对旋具的吸引力是否相同。若某一磁极吸力太小，就表明该磁场绕组有匝间短路故障存在。

2）电枢绕组（转子）的检查　电枢绕组的检查，可在电气万能试验台上的电枢检验仪上进行。

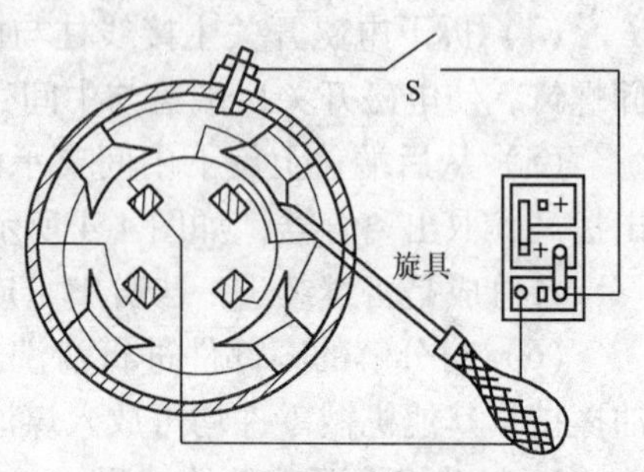

图 4-6　磁场绕组短路的检查

① 搭铁检验：用附件 F6 一根，一端插入插座 33，一端接电枢轴，另一根附件 F6 一端插入插座 34，一端接至整流子铜片，如有搭铁，指示灯 25 即亮，可标出搭铁的整流子铜片。

② 短路检验：如图 4-7 所示，将待试的电枢放在电枢感应仪 3 上，接通开关 60，灯 19 亮，感应仪配备一钢片，将该钢片放置于电枢铁心线槽上，如该钢片振动发声，则表明绕组有短路故障。不断慢慢转动电枢一圈，将钢片依次逐个放置于各线槽上，对每一故障处作出标记。由于起动机电枢绕组采用波绕法，所以当钢片在四个铁心槽出现振动时，说明相邻换向器铜片间短路；当钢片在所有槽上振动时，说明同一个槽中上、下两层导线短路。

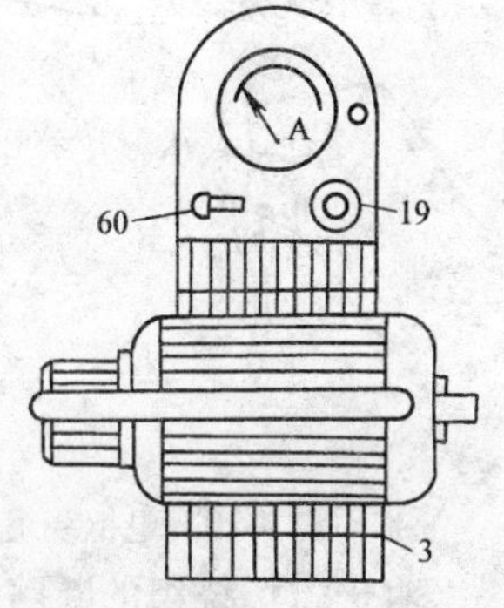

图 4-7　电枢短路检验操作图

③ 断路检验：如图 4-8 所示，将待试的电枢放在感应仪上，接通开关 60，灯 19 亮，将感应仪所附试棒两触针放在相邻两整流子片上，若电流表 18 针不动，移动触针至电流表指出某一电流数值，固定此触针位置，然后转动电枢，使其余两邻片也达到至此位置，用触针测其电流，如电枢没有损坏，相邻两整流子片在电流表 18 上的读数均应不变，若电流表 18 无读数则表明该绕组断路。

④ 使用万用表对电枢绕组搭铁的检查：用电阻 $R\times10\text{k}\Omega$ 档检测，如图 4-9 所示，用一根表笔接触电枢，另一根表笔依次接触换向器铜片，万用表指针不应摆动即电阻为无穷大，否则说明电枢绕组与电枢轴之间绝缘不良有搭铁之处。

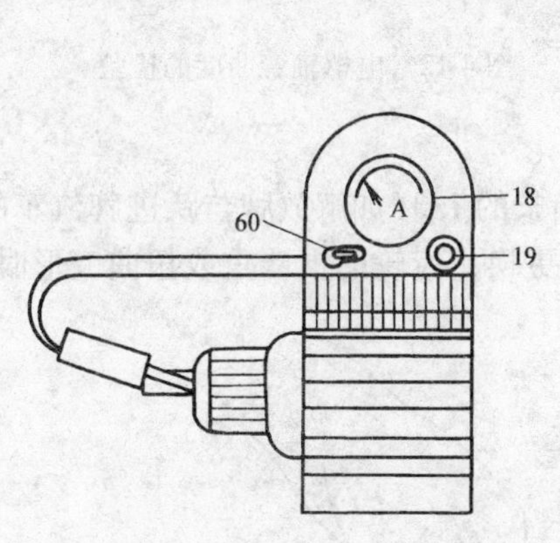

图 4-8　电枢断路检验操作图

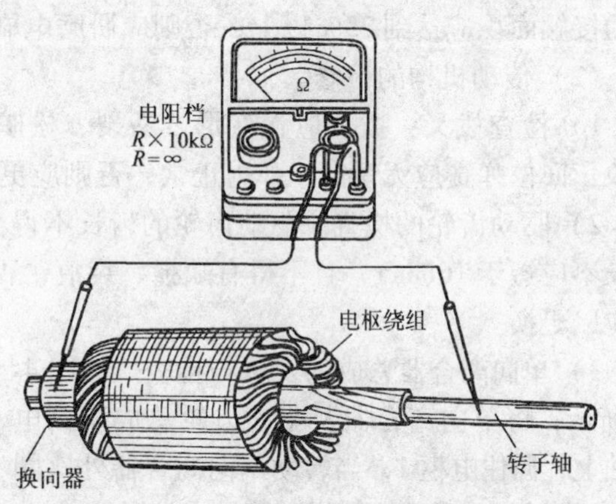

图 4-9　检测电枢轴与电枢绕组之间的绝缘电阻

⑤ 使用万用表对电枢绕组的短路检查：用电阻 $R\times1\Omega$ 档检查换向器和电枢铁心之间是否导通，如图 4-10 所示。如有导通现象，说明电枢绕组搭铁，应更换电枢。

⑥ 使用万用表对电枢绕组断路的检查：用电阻 $R\times1\Omega$ 档，将两个表笔分别接触换向器相邻的铜片，如图 4-11 所示，测量每相邻两换向片间是否相通，如万用表指针指示“0”，说明电枢绕组无断路故障，若万用表指针在某处不摆动，即电阻值为无穷大，说明此处有断路故障，应更换电枢。

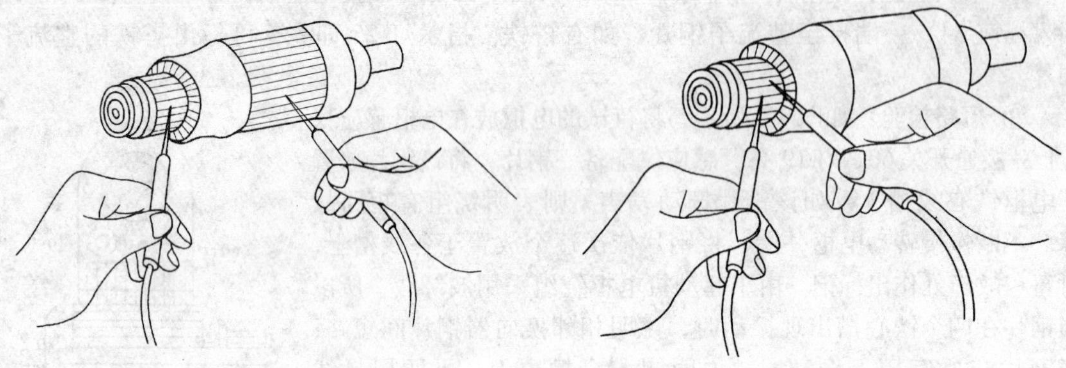

图 4-10　电枢绕组搭铁的检查　　图 4-11　电枢绕组断路的检查

对于磁场绕组的断路、短路、搭铁故障都应对其检修或更换。

3）电枢轴的检查。用千分表检查电枢轴是否弯曲，如图 4-12 所示。若铁心表面摆差超过 0.15mm 或中间轴颈摆差大于 0.05mm 时，均应进行校正或更换。另外，还应检查电枢轴上的花键齿槽，如严重磨损或损坏，则应修复或更换。

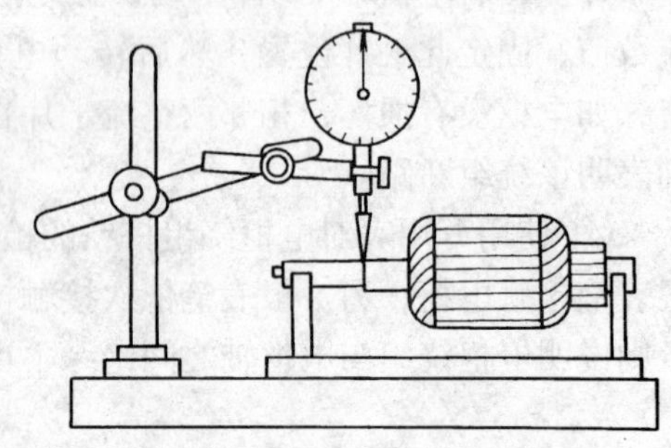

图 4-12　电枢轴弯曲度的检验

4）电刷的检查。检查电刷的高度：电刷高度应不低于新电刷高度的 2/3（国产起动机新电刷高度一般为 14mm），即 7～10mm，否则应换新。

检查电刷架的接触面积：电刷与整流子表面之间的接触面积应达到 75% 以上，否则应研磨电刷。

（2）传动机构的检修。

1）检查拨叉：拨叉应无变形、断裂、松旷等现象，回位弹簧应无锈蚀、弹力正常，否则应更换。

2）驱动齿轮的检查。驱动齿轮的齿长不得小于全齿长的 1/3（如解放牌与跃进牌汽车的齿长不应短于 16mm），且不得有缺损、裂痕，否则应予更换；齿轮磨损严重或扭曲变形时，也应以更换。

3）单向离合器总成的安装与检查。如图 4-13 所示，将单向离合器及驱动齿轮总成装到电枢轴上，握住电枢 1，当转动单向离合器外座圈 2 时，驱动齿轮总成应能沿电枢轴自如滑动。

如图 4-14 所示，在确保驱动齿轮无损坏的情况下，握住外座圈 2，转动驱动齿轮 1，应能自由转动，反转时不应转动，否则就有故障，应更换单向离合器。

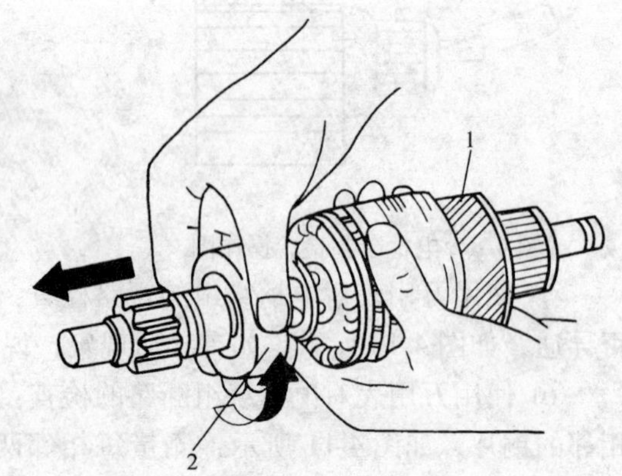

图 4-13　单向离合器总成的安装与检查
1—电枢　2—外座圈

（3）电磁开关线圈的检查。

1）电磁开关圈的检查。用万用表 $R\times1$ 档分别测量吸引线圈和保持线圈的电阻，吸引线圈的电阻值一般在 0.6Ω 以下，而保持线圈的阻值一般在 1Ω 左右。如万用表指针不摆动即电阻无穷大，说明线圈断路；若电阻值小于规定值，说明线圈有匝间短路。线圈断路或短路均需更换。

2）电磁开关吸引线圈的试验。将蓄电池正负电源线分别接到电磁开关“S”和“M”端子之间(见图 4-15)，衔铁被吸入，驱动齿轮向外伸出，则表明吸引线圈良好；若驱动齿轮不伸出，则表明吸引线圈断路或者短路。此时测量“M”和“B”之间的电阻应为零，说明触盘与触点接触良好；若电阻不等于零或者阻值不稳定，说明触盘与触点接触不良，需要拆解电磁开关进行维修。

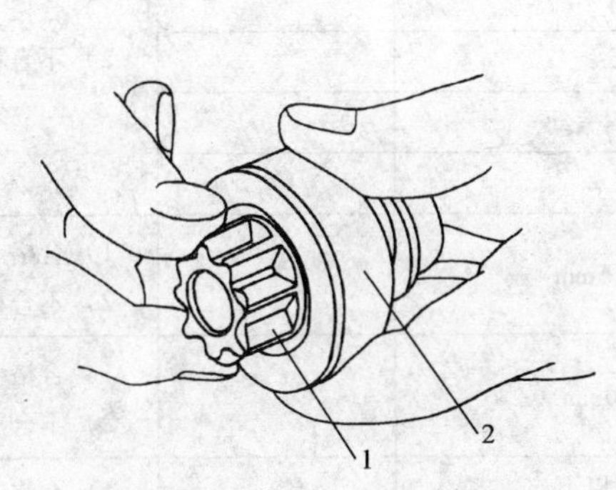

图 4-14　单向离合器的进一步检查

1—齿轮　2—外座圈

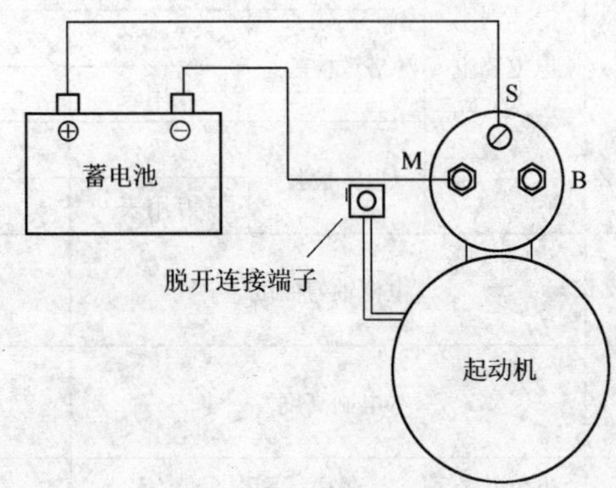

图 4-15　电磁开关吸引线圈的试验

3）电磁开关保持线圈的试验。将蓄电池正负电源线分别接到电磁开关“S”和壳体之间，如图 4-16 所示，用手牵引驱动齿轮前伸到位后松开，此时驱动齿轮应保持定位；如果松开后其回位，则说明保持线圈断路或者短路。

(4) 电磁开关复位试验。

将蓄电池正负电源线分别接到电磁开关“M”和壳体之间，如图 4-17 所示，用手牵引驱动齿轮到工作位置后松开，驱动齿轮应该立即回位，说明电磁开关复位良好。

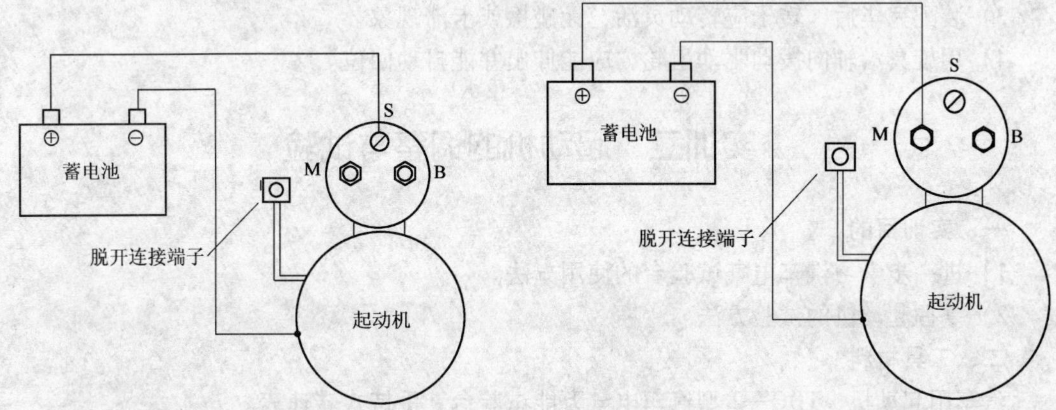

图 4-16　电磁开关保持线圈的试验

图 4-17　电磁开关复位试验

以上试验必须在 10s 内完成。

将上述检测结果填入表 4-1，并与标准要求比较，做出结论。

表 4-1 起动机检测数据记录表

<table>
<tr><th>序号</th><th colspan="3">检 测 项 目</th><th>标 准 情 况</th><th>检 测 情 况</th><th>结 论</th></tr>
<tr><td rowspan="3">1</td><td rowspan="3">磁场绕组</td><td colspan="2">磁场绕组断路的检查</td><td>通(0Ω)</td><td></td><td rowspan="3">1）合格
2）不合格</td></tr>
<tr><td colspan="2">磁场绕组搭铁的检查</td><td>不通(∞)</td><td></td></tr>
<tr><td colspan="2">磁场绕组短路的检查</td><td>每个磁极对螺钉旋具的吸引力相同</td><td></td></tr>
<tr><td rowspan="6">2</td><td rowspan="6">电枢绕组</td><td rowspan="2">断路检验</td><td>试验台</td><td>电流表读数均应不变</td><td></td><td rowspan="6">1）合格
2）不合格</td></tr>
<tr><td>万用表</td><td>$R=0\Omega$</td><td></td></tr>
<tr><td rowspan="2">搭铁检验</td><td>试验台</td><td>搭铁灯不亮</td><td></td></tr>
<tr><td>万用表</td><td>$R=\infty$</td><td></td></tr>
<tr><td rowspan="2">短路检验</td><td>试验台</td><td>钢片不振动</td><td></td></tr>
<tr><td>万用表</td><td>$R=\infty$</td><td></td></tr>
<tr><td>3</td><td colspan="3">电枢轴弯曲度</td><td><0. 15mm</td><td></td><td>1）合格
2）不合格</td></tr>
<tr><td>4</td><td colspan="3">电刷高度</td><td>7～10mm</td><td></td><td>1）合格
2）不合格</td></tr>
<tr><td rowspan="2">5</td><td rowspan="2">电磁开关线圈</td><td colspan="2">吸引线圈电阻值/Ω</td><td>0. 6Ω 以下</td><td></td><td rowspan="2">1）合格
2）不合格</td></tr>
<tr><td colspan="2">保持线圈的阻值/Ω</td><td>1Ω</td><td></td></tr>
</table>

3. 起动机的清洗与装配

1）对分解的零部件进行清洗，清洗时，对所有的绝缘部件，只能用干净布蘸少量汽油擦拭，其他机械零件均可放入汽油、煤油或柴油中洗刷干净并晾干。

注意：整流片及电刷表面在装配时，不应沾有油污。

2）按解体的相反顺序进行安装，在将电枢轴装入电刷架时，应防止将电刷撞断，必要时使用专用工具进行安装。

3）装配完毕后，转子应转动灵活，无碰擦或卡滞现象。

4）用旋具沿轴向拨动驱动齿轮，应能伸出并能自动回位。

实训二 起动机的调整与试验

一、实训目的

1）进一步学习汽车电气试验台的使用方法。

2）掌握起动机的试验方法。

二、工具材料

汽车用起动机、TDQ—2 型汽车电气万能试验台、手持式转速表。

三、操作要点及项目

1. 起动机的调整

起动机检修装复后，必须做认真细致地调整，以防止起动机齿轮啮合不良、有冲撞声、起动困难等现象。

(1) 驱动齿轮与止推垫圈之间间隙的调整。电磁操纵强制啮合式起动机驱动齿轮与止推垫圈之间间隙的调整，如图4-18所示。

将电磁开关的活动铁心推至使其开关刚好接通的位置，并保持稳定，测量驱动齿轮与止推垫圈端面之间的间隙值，一般为4~5mm，如不符合，可适当拧入或旋出拨叉2与活动铁心4的连接螺杆3进行调整，然后再将活动铁心顶到极限位置，此时驱动齿轮与止推垫圈之间的间隙应减小到1.5~2.5mm，如不符合，可调整齿轮行程限位螺钉1，直至合格为止。

(2) 起动机开关接通时刻的调整。电磁开关的调整，主要是调整点火线圈附加电阻短路接线接触片的接通时刻。一般在电磁开关内，短路点火线圈附加电阻都是利用主接线柱触头与接触盘之间的辅助接触片进行调整的。调整时只需将辅助接触片做适当的弯曲即可。

(3) 起动机驱动齿轮端面与驱动端盖突缘面之间距离的调整(见图4-19)。有些汽车(如东风EQ1090、北京2020等)规定了起动机不工作时，驱动齿轮端面与后端盖突缘面之间的距离。如东风EQ1090型汽车起动机规定此值为29~32mm，北京2020型汽车起动机规定此值为32.5~34mm。不符合规定值时，可调整后端盖上的齿轮行程限位螺钉。调整记录可填入表4-2。

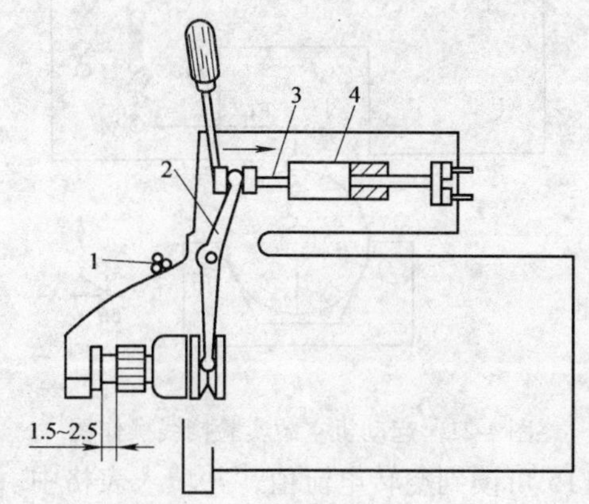

图4-18 电磁操纵强制啮合式起动机驱动齿轮与止推垫圈之间间隙的调整

1—限位螺钉 2—拨叉 3—螺杆 4—铁心

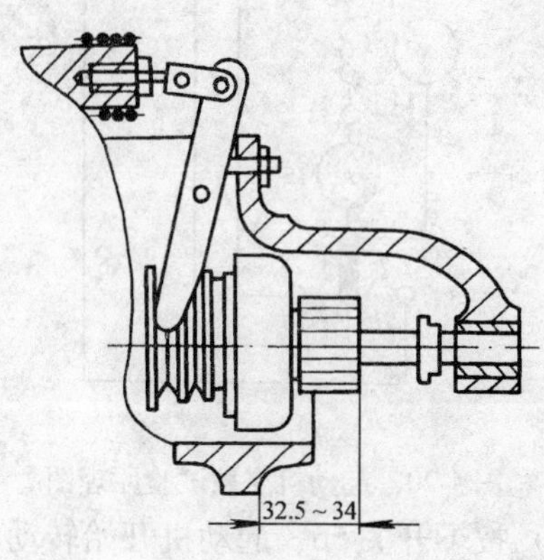

图4-19 驱动齿轮端面与驱动端盖突缘面之间距离的调整

表4-2 起动机调整参数记录表 起动机型号：________

调 整 项 目	调 整 部 位	标准值/mm	调整值/mm
驱动齿轮与止推垫圈之间间隙的调整	电磁操纵强制啮合式起动机驱动齿轮与止推垫圈之间间隙		
起动机开关接通时刻的调整	起动机驱动齿轮端面与驱动端盖突缘面之间距离		

2. 起动机的空载试验

起动机空载试验的目的是通过试验测量起动机的空载电流和空载转速，并与标准值比较，从而判断起动机内部是否有电气故障和机械故障。

空载试验步骤如下：

(1) 装夹起动机。将被试起动机夹紧在汽车电气万能试验台的制动夹具上。

注意：在装夹过程中，应注意连接起动机的电枢接线柱的导线线头避免与制动夹具的V形块接触，造成短路，可采用加垫绝缘胶皮的方法。

(2) 电路连接与试验。试验原理电路如图4-20所示。

按以下方法连接试验电路：

1）用附件F1一端连接插座54，另一端与起动机电枢接线柱连接。

2）用附件F2连接插座53与51(51为12V插座,若起动机为24V,则应连接插座52;若起动机为6V,则应连接插座50)。

(3) 试验操作(见图4-21)。

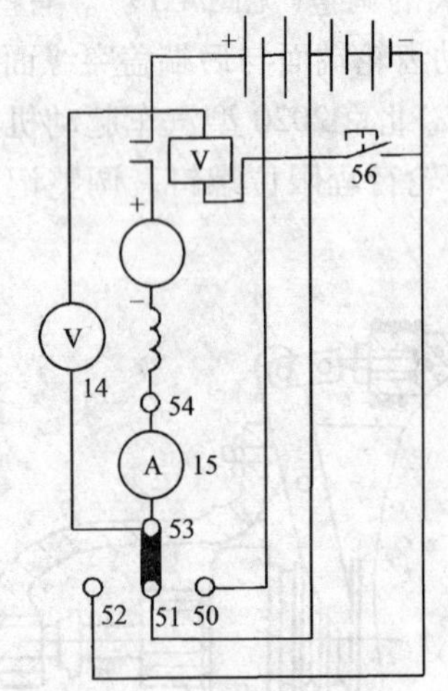

图4-20　起动机空载试验原理图

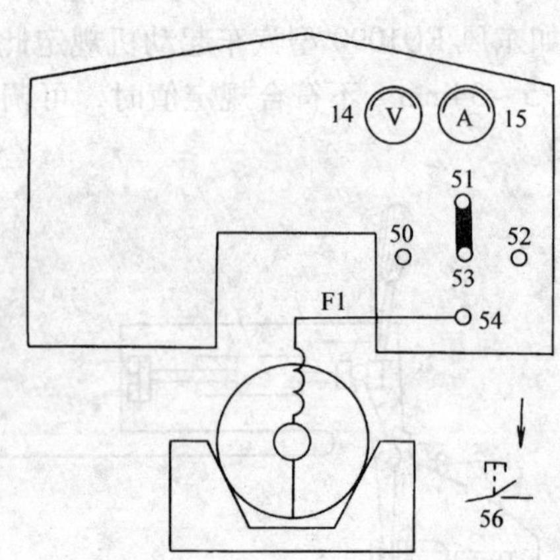

图4-21　起动机空载实验接线操作图

1）按下开关56，起动机开始转动，从电流表15可读到空转电流值，并填入表格中。

2）用手持式转速表紧接在电枢轴的驱动端，测得起动机的空转转速，并填入表格中。

3）松开开关56，起动机空载试验结束。

注意：空载试验时，试验不能超过1min，以免起动机过热而损坏。另外，换向器上不应有火花，电枢旋转应平稳，不应有机械的摩擦声，起动机不应有明显抖动和异响，若有异常现象发生，应停止试验，查明原因，排除故障后再进行。

(4) 将起动机空载试验数据(转速和电流)填入表4-3中。并与标准值相比较，对起动机做出综合评价。

表4-3　起动机空载试验数据

起动机型号		
转速/(r/min)	标准值	
	测量值	
电流/A	标准值	
	测量值	
综合评价		1）合格　2）不合格

3. 起动机的全制动试验

起动机的全制动试验(又称制动扭矩试验)必须选用空载试验性能良好的起动机。试验的目的是通过全制动试验测量起动机在完全制动时所消耗的电流和制动转矩，并与标准值比较，以判断起动机主电路是否正常，单向离合器是否打滑。

(1) 装夹起动机。

1) 将起动机固定于汽车电气万能试验台的起动机试验台的制动夹具上。

2) 将制动器连杆的夹块夹紧被试起动机的齿轮三个齿。对顺时针旋转者是齿轮下部三个齿，对逆时针旋转者是上部三个齿，如图4-22所示。

试验电路的连接与空载试验相同。

(2) 加载操作。按下开关56，注意：必须按紧，不得松开。起动机通电，呈制动状态。记录电压表14、电流表15和弹簧称分别指示出制动状态的电压、电流和转矩数值填入表4-4中。

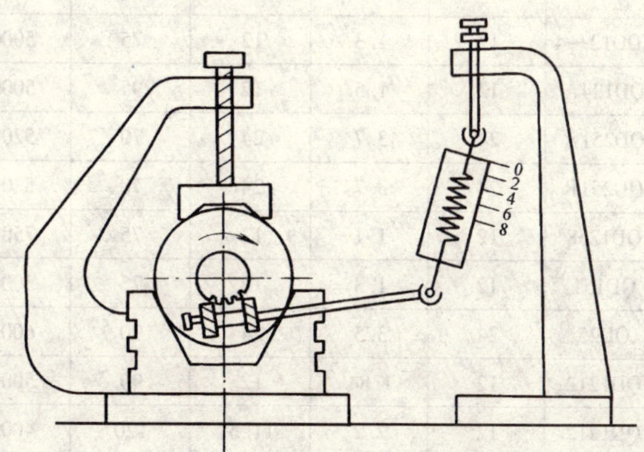

图4-22 起动机制动试验装夹操作图

注意：每次试验通电时间不允许超过5s，两次间隔不少于2min。试验过程中人身应避开弹簧称夹具，防止发生事故。

(3) 将表4-4起动机制动试验数据与附录中的标准数据相比较，对起动机做出综合评价。

表4-4 起动机制动试验数据

起动机型号			起动机型号		
电压/V	标准值		转矩/N·m	标准值	
	测量值			测量值	
电流/A	标准值		综合评价		1) 合格 2) 不合格
	测量值				

附录 部分常用起动机的技术参数

型号	规格		空载试验			全制动试验			适用车型
	额定电压/V	额定功率/kW	电压/V	电流不大于/A	转速不小于/(r/min)	电压/V	电流不大于/A	转矩不小于/N·m	
321	12	1.1	12	100	5000	8	525	16	BJ212、BJ121
321A	12	1.1	12	100	5000	8	525	16	BJ212
318B	12	1.3	12	90	5000	8	650	26	CA140

（续）

型号	规格		空载试验			全制动试验			适用车型
	额定电压/V	额定功率/kW	电压/V	电流不大于/A	转速不小于/(r/min)	电压/V	电流不大于/A	转矩不小于/N·m	
ZDQ12—4	12	1.3	12	75	5000	8	600	26	NJ130 等
QD124A	12	1.5	12	95	5000	8	600	24	解放 CA141
QD251A	24	3.7	24	70	5200	10	560	19.6	NJ1061
QD251B	24	3.7	24	70	5200	10	560	19.6	NJ1061
QD1238	12	1.1	12	75	7500	8	480	12.7	NJ1041C
QD151	12	1.3	12	75	5000	6	600	26	解放 CA141
QD25	24	3.5	24	90	6000	9	900	34.3	跃进 NJ1061D
QD1212	12	1.84	12	90	5000	8	—		东风 EQ140
QD1212	12	2.2	11.5	120	4000	7.5	500	13	江铃 1030
QD1212	12	2	11.5	120	4000	7.5	500	13	庆铃 1040
CT221	12	1.3	12	35	5000	6.5	500	14	拉达
ST614	24	5.2	24	80	6500	7	900	60	JN150、JN151
372A	12	1.3	12	90	5000	8	650	26	CA770A、B
QD50	24	5.2	24	90	6000	10	900	60	JN150、JN151
QD124	12	1.5	12	90	5000	8	650	30	东风 EQ140
QD273	24	6	24	90	6000	9	1500	70	JN150、JN151
2201	12	1.3	12	75	5000	8	600	26	解放 CA10B

第五单元 点火系的检测与试验

实训一 传统点火系的检测

一、实训目的

1）熟悉点火系电路及各元件的检测方法。

2）掌握点火系故障诊断的一般方法。

二、工具材料

1）全车点火线路及相应部件。

2）万用表、维修工具等。

三、操作要点及项目

1. 初级线圈电阻值的检查

初级线圈的短路、断路、搭铁和过热都会引起点火系不能正常工作。初级线圈电阻用万用表 $R\times1\Omega$ 档测量，如图 5-1 所示。

若万用表指示阻值无穷大，则说明初级线圈断路；若阻值小于标准值，则说明匝间有短路；若阻值在 1.2～1.7Ω 内为正常。

2. 次级线圈电阻值检查

用万用表 $R\times1\mathrm{k}\Omega$ 档测量，若万用表指示阻值无穷大，则说明初级线圈断路；若阻值小于标准值或为 0 时，则说明匝间有短路；其正常阻值为：8～16kΩ（有触点式点火线圈）或 2.4～3.5kΩ，如图 5-2 所示。

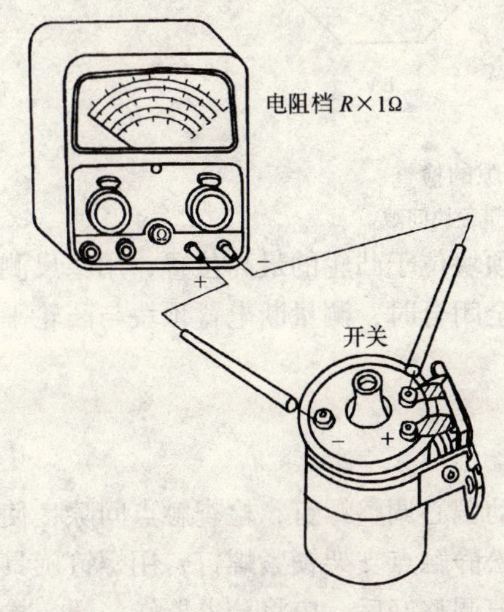

图 5-1 初级线圈的测量

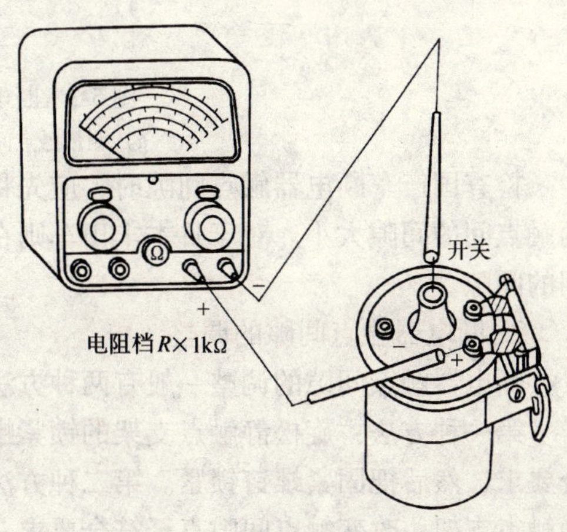

图 5-2 次级线圈的测量

各车型的点火线圈初、次级线圈电阻的参数见表 5-1。

表 5-1　点火线圈电阻参数

车　型 电　阻	解放 CA1090	桑塔纳有触点	桑塔纳无触点	切　诺　基
初级线圈电阻/Ω	1. 4 ~ 1. 5	1. 7 ~ 2. 1	0. 52 ~ 0. 76	1. 13 ~ 1. 23
次级线圈电阻/kΩ	6	7 ~ 12	2. 4 ~ 3. 5	7. 7 ~ 9. 3

3. 点火线圈绝缘电阻的检查

用数字万用表 $R\times20\mathrm{M}\Omega$ 档测量，点火线圈任一端与外壳间的电阻均应为无穷大，否则存在漏电故障应更换。

4. 附加电阻阻值的检查

用万用表 $R\times1\Omega$ 档测得初级线圈附加电阻为 1. 2 ~ 1. 8Ω。

5. 断电器触点外观检查

断电器触点表面的正常接触面应为白色，且表面平整、光洁、接触面积不小于 80%，如触点烧蚀则接触表面有密集的微孔且呈暗灰色，此时可使用白金砂条或双面砂纸在两触点之间进行修磨，以消除蚀坑。

6. 断电器触点间隙的检查

断电器触点间隙一般为 0. 35 ~ 0. 45mm，检查方法如图 5-3 所示。

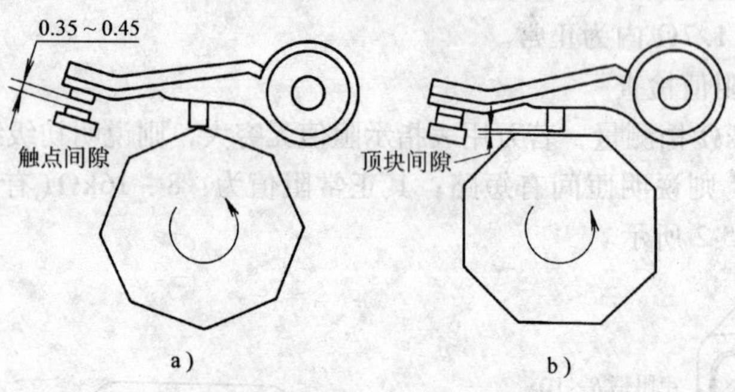

图 5-3　断电器触点间隙的检查

a）测量触点间隙　b）测量顶块间隙

检查国产车断电器触点间隙时，应先将断电臂顶块位于凸轮的最高位置，用塞尺测量出两触点间的间隙大小。对于日本丰田车则在触点完全闭合时，测量断电臂顶块与凸轮平面之间的间隙。

7. 断电器触点间隙的调整

断电器触点间隙的调整一般有两种方法。

第一种方法：旋松静触点支架的锁紧螺钉，转动偏心调整螺钉，检查触点间隙，使之符合要求，然后把固紧螺钉锁紧。第二种方法：是旋松静触点支架锁紧螺钉，用螺钉旋具拨动静触点支架，改变触点间隙直至符合要求。触点间隙调整好后，应将分电器转一圈，检查各缸触点间隙的均匀性，调整部位参见图 5-4 所示。

8. 断电器弹簧张力的检查

检查方法如图 5-5 所示，用弹簧拉力计测量，一般触点臂弹簧的弹力为 4.90～6.86N，低于下限值为不合格，此时可根据其固定螺钉的联接方式或缩短联接长度或预弯弹簧片，以增加弹力。

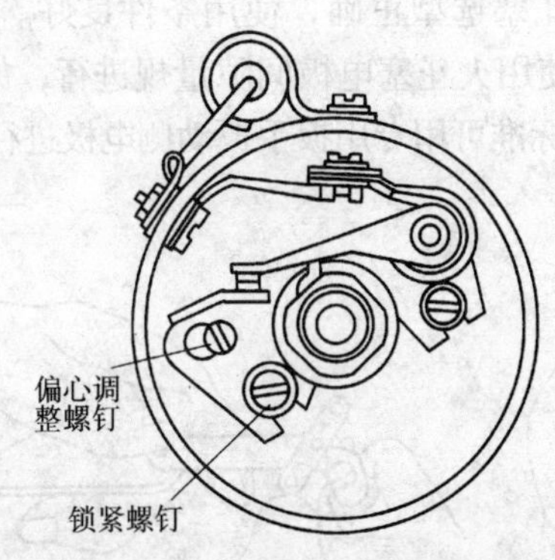

图 5-4　断电器触点间隙调整

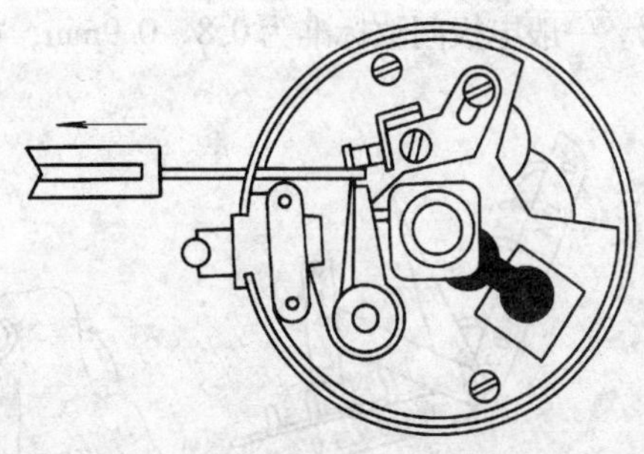

图 5-5　断电器弹簧张力检查

9. 离心提前机构检查

如图 5-6 所示，用手抓住分火头与分电器轴，沿凸轮的旋转方向转动分火头。若松手后分火头能迅速回转，说明离心提前机构的弹簧张力及机构的装配情况良好；若松手后分火头不能回转，则离心提前机构的两个弹簧可能脱落或折断。

10. 真空提前机构的检查

检查方法如图 5-7 所示，当用嘴由管口吸气时，真空提前机构的拉杆或断电器活动底板能转动，不吸气时拉杆或活动底板能迅速返回，说明真空提前机构能正常工作。若吸气时，无真空感觉，而且拉杆或活动底板不动，说明膜片可能破裂或壳体漏气。

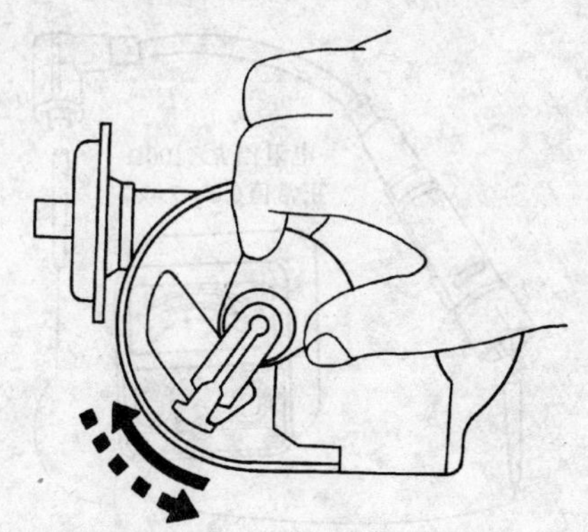

图 5-6　离心提前机构的检查

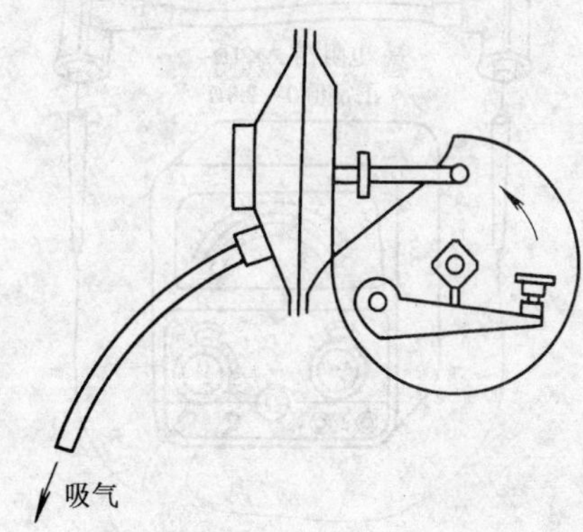

图 5-7　真空提前机构的检查

11. 电容器的检查

用交流试灯检查，将交流试灯的两测试表笔分别接电容的两引线端，瞬间即断开，如果通电时试灯亮，说明电容器击穿损坏。如果试灯不亮，再将电容器的两引线短接。若有放电火花，说明电容器良好；如无放电火花，则为电容有断路。

用万用表检查，先将电容器的引线与外壳短接一下，用万用表 $R\times1\text{k}\Omega$ 档，测量电容器引线与壳体间电阻，表针应迅速向“0”方向摆动，然后缓慢回“∞”位置。如表针指在

“∞”位置不动，说明电容器断路，如表针指在“0”位置不动，说明电容器击穿。

12. 火花塞的检查与调整

火花塞的外部检查，正常的火花塞瓷芯表面洁净，呈白色或淡棕色，或瓷芯上只有微薄的一层褐色粉末状积炭，电极完整无缺损，这说明火花塞选型正确，使用条件良好。

火花塞间隙的检查与调整，火花塞电极间隙检查应使用火花塞电极间隙量规进行，如图5-8所示。一般电极间隙标准为0.8～0.9mm，如间隙不符合标准可用专用扳手扳动侧电极进行调整。

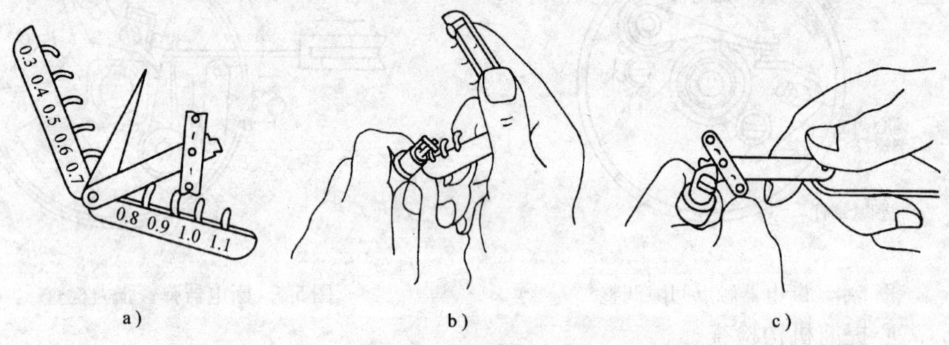

图5-8 火花塞检查

a）电极间隙量规 b）电极间隙测量方法 c）电极间隙调整

13. 高压线整体电阻的测量

点火线圈至分电器的高压线的电阻值应为0～2.8Ω，测量方法如图5-9所示。

分电器到火花塞之间的高压线电阻应为0.6～7.4kΩ，测量方法如图5-10所示。新型电控点火系统高压线电阻在几欧到几十欧甚至数百千欧。

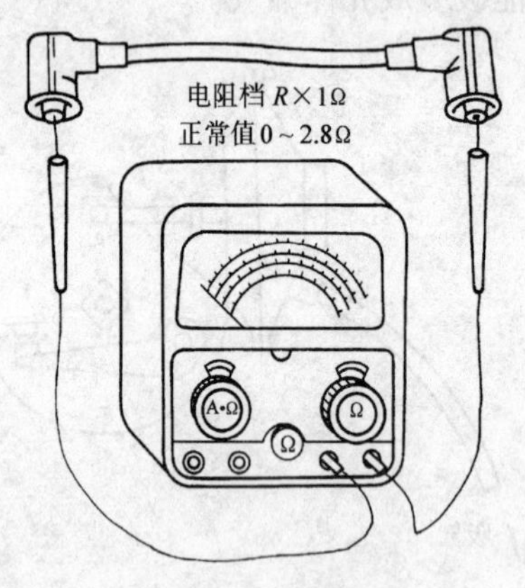

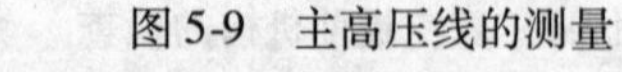
图5-9 主高压线的测量

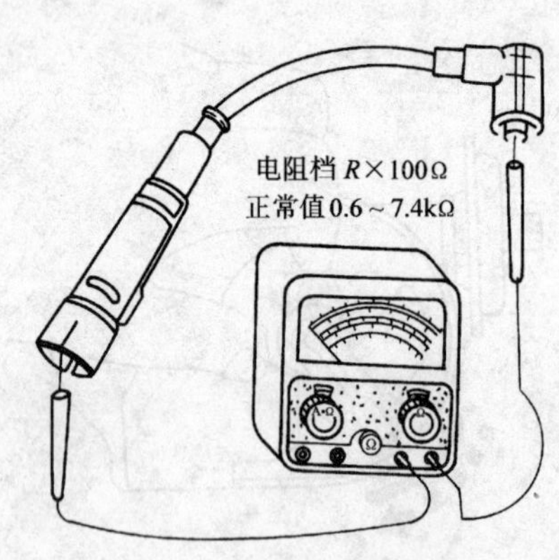

图5-10 分高压线的测量

将上述检测结果填入表5-2，并给出技术结论。

表5-2 传统点火系统器件参数检测数据

车型 项目	解放CA1090	桑塔纳有触点	桑塔纳无触点	切诺基
初级绕组电阻/Ω				

（续）

项目＼车型		解放 CA1090	桑塔纳有触点	桑塔纳无触点	切诺基
次级绕组电阻/kΩ					
附加电阻值/Ω					
断电器间隙/mm	调整前				
	调整后				
火花塞间隙/mm	调整前				
	调整后				

实训二　电子点火系的检测

一、实训目的

1）掌握电子点火系主要元器件的检测方法。

2）掌握电子点火系故障诊断的基本方法。

二、工具材料

1）电子点火电路及相应部件。

2）万用表、维修工具等。

三、操作要点及项目

1. 磁脉冲信号发生器的检查与调整

（1）磁脉冲信号发生器间隙的检查。

1）拆下蓄电池负极导线。

2）拆下分电器盖。

3）用非磁性黄铜测隙片测量信号转子和传感器线圈凸起部分之间的间隙。当信号转子凸齿与传感器铁心对齐时，间隙一般为 0.2～0.4mm，如图 5-11 所示。

4）如间隙不正常，松开铁心总成的两个固定螺钉 A、B，并以 A 为支点，稍微移动螺钉 B，加以调整，直至所规定的标准值为止。

5）拧紧固定螺钉并重新检验间隙。有些不能调整间隙的分电器，如果测得的空气间隙不在标准值(0.2～0.4mm)范围内，应更换分电器壳体总成。

（2）磁脉冲发生器传感线圈的检测。

1）测量传感线圈直流电阻。将传感线圈从线束插接器上拆下(如果是整体式控制组件，在测试前应把它从分电器上拆下来)。用万用表($R\times10\Omega$ 档)测量传感器线圈的电阻值(见图 5-12)，一般正常值国产车为 500～800Ω(解放 CA1092 型为 600～800Ω，东风牌汽车为 500～600Ω)，进口车为 130～180Ω。各厂的分电器传感器线圈的标准电阻不同。如无标准数据，也可利用性能良好的同类型分电器传感线圈进行对比测试检查。如果用万用表测试其电阻小于标准值时，表明线圈有匝间短路。

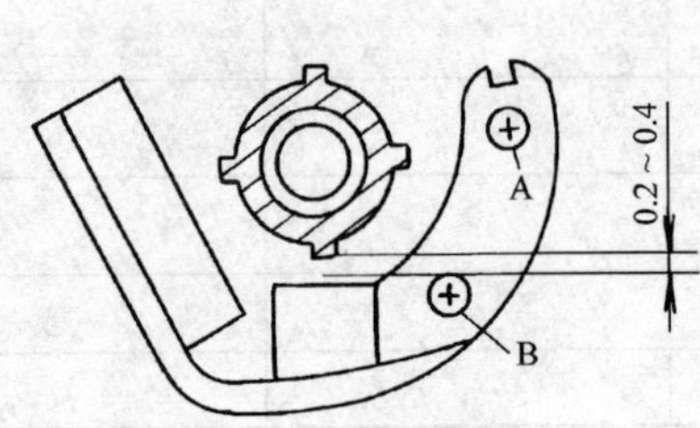

图 5-11 信号转子铁心间隙的检查与调整

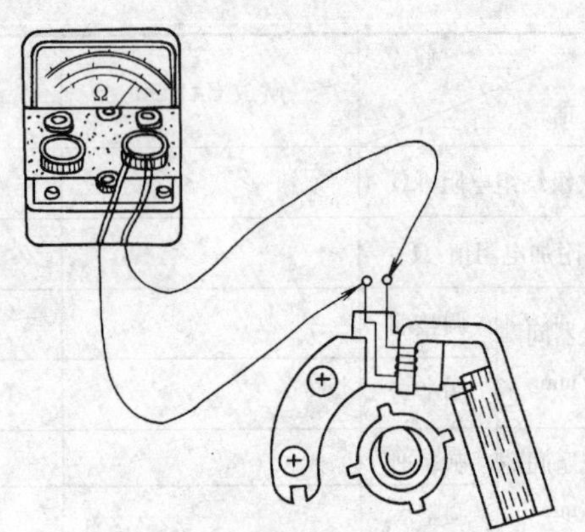

图 5-12 脉冲信号发生器传感线圈的测量

2）测量传感线圈绝缘电阻。用万用表（$R\times10k\Omega$ 档）一端接线圈，另一端搭铁，测量其绝缘电阻，其值应为无穷大，如图 5-13 所示。如果测试时表针有摆动，即电阻小于无穷大时，说明线圈绝缘破坏，有搭铁故障存在，应更换新的传感器。

3）测量传感线圈信号电压。信号发生器在工作时能产生交流信号电压，在检查时，可用万用表 0 ~ 10V 交流电压档，使两表笔分别接在分电器感应线圈两接线柱上，用手快速转动分电器轴，观察信号电压值是否符合规定值（一般有 1 ~ 1.5V 信号电压，见图 5-14）。若万用表读数过低，甚至无读数指示，说明信号发生器有故障，应检查或者更换。

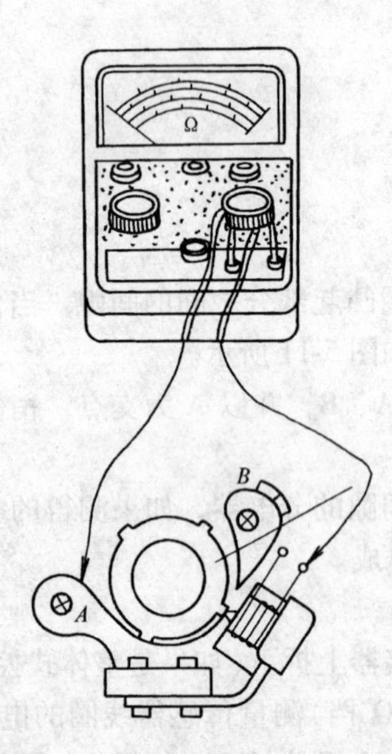

图 5-13 传感线圈绝缘电阻的测量

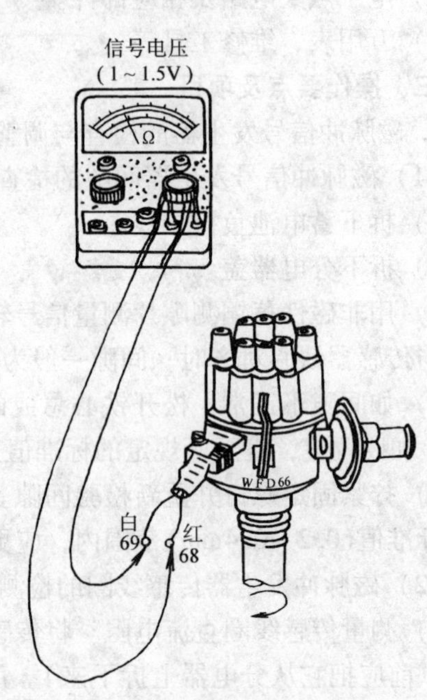

图 5-14 传感线圈信号电压的测量

2. 霍尔式电子点火系统的检查

图 5-15 所示是桑塔纳轿车霍尔式电子点火系统的基本电路图，检查时应按照下列方法进行。

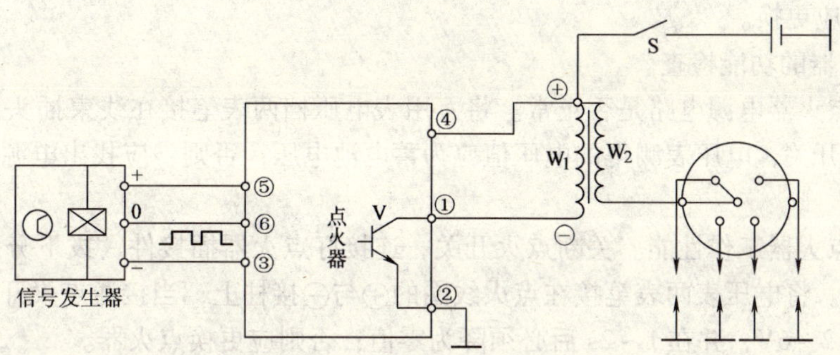

图 5-15　桑塔纳轿车霍尔式电子点火系统基本电路

（1）信号发生器和点火器的静态检测。

对于有源工作的多端元件，可以采用脱离电路后对其端子的电阻进行静态测量，然后与标准数据进行比较的方法，以此来判断该元件的质量。通常用两组数据来比较，即正向电阻（红表笔接地或电源负端子）和反向电阻（黑表笔接地或电源负端子）。如果测量数据与标准数据基本吻合，说明电路元件正常，否则表明电路已经损坏（测量时应该采用万用表 $R\times100$ 或者 $R\times1k$ 档）。有些电路元件没有标准数据，可以与正常元件的测量进行对比判断。

检测方法：脱开电路插件，检测传感器和点火器正、反向电阻，将结果记录于表 5-3、表 5-4，并与标准数据进行比较分析。

表 5-3　霍尔传感器测量数据

霍尔传感器	$R+\rightarrow R-$	$R_0\rightarrow R-$	结　论
正向电阻/kΩ			
反向电阻/kΩ			
万用表档位			

表 5-4　点火器测量数据

点火器	$R_{①}\rightarrow R_{②}$	$R_{③}\rightarrow R_{②}$	$R_{④}\rightarrow R_{②}$	$R_{⑤}\rightarrow R_{②}$	$R_{⑥}\rightarrow R_{②}$	结　论
正向电阻/kΩ						
反向电阻/kΩ						
万用表档位						

（2）点火线圈、高压导线的检查。

测量点火线圈 W_1、W_2 绕组的电阻值。测量前，先断开点火开关，拆除点火线圈上的导线。W_1 绕组的电阻值，即点火线圈⊕与⊖接柱之间的电阻值，应为 0.52 ~ 0.76Ω；W_2 绕组的电阻值，即点火线圈⊖与高压线插孔之间的电阻值，应为 2.4 ~ 3.5kΩ。如电阻值符合规定，说明点火线圈良好。

在检查高压导线时，每条导线的电阻值不应大于 1kΩ 左右。如高压线断裂、电阻值过大或变形，则应更换。

（3）点火器的功能检查。

1）确认点火器电源电路是否正常。将万用表电压档两表笔接在线束插头的④和②接柱上。接通点火开关，电压表测得的电压值应为蓄电池电压；否则，应找出电源断路故障并予以排除。

2）确认点火器工作性能。关断点火开关，连接好点火器插接件，拔下分电器霍尔信号发生器插接件。将电压表两表笔接在点火线圈的⊕与⊖接柱上，当接通点火开关时，电压表的电压值应为2～6V，并在1～2s后必须降为零值；否则应更换点火器。

3）确认点火器向霍尔信号发生器输出电压值是否正常。关断点火开关，将电压表的两表笔接在霍尔信号发生器线束插头“+”和“-”接线柱上。接通点火开关时，电压表测得的电压值应为5～11V。如低于5V或为0V，再用同样方法对点火器插接件中的接柱⑤和③进行测试。若电压值为5V以上，则说明点火器与信号发生器之间的线束有断路故障，应予以排除；若点火器插接件接柱⑤与③之间的电压值也为5V以下，则应更换点火器。

4）采用旁路信号发生器的方法判断点火器是否完好。实际工作中，常采用旁路霍尔信号发生器的方法检查点火器。其方法是：关断点火开关，拔下分电器盖上的中央高压线，使其端部离气缸体5～7mm。拔下分电器信号发生器线束插接件，用一跨接线让其一端按图5-16接在信号线插头上，另一端暂时悬空。接通点火开关，将跨接线悬空的另一端反复搭铁。此时观察中央高压线端部是否跳火。如跳火，说明点火器工作良好；如不跳火，在点火线圈及连接导线正常时，说明点火器有问题。

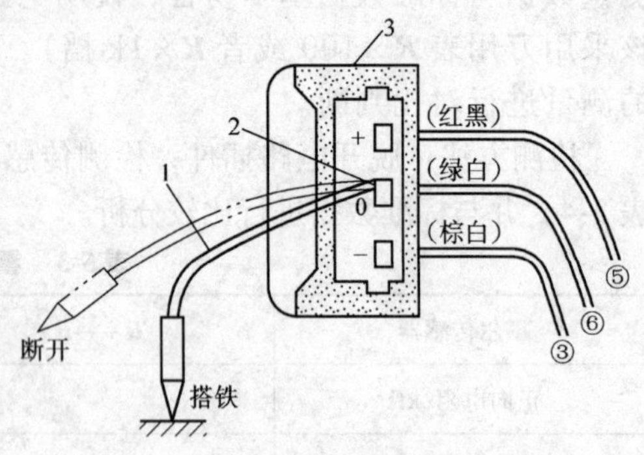

图5-16　旁路信号发生器的方法

1—跨接线　2—信号线插头　3—信号发生器插接件

（4）霍尔点火系统的动态的检查。

1）测量信号发生器的输出电压。关断点火开关，打开分电器盖，拔出分电器盖上的中央高压线，将电压表的两表笔接在霍尔信号发生器插接件信号输出线(0)和接地线(-)接柱上，如图5-17所示。然后按发动机转动方向转动发动机，同时观察电压表上的读数，其值一般在0～9V之间变化。当分电器触发叶轮的叶片在空气隙时，其电压值为2～9V；当触发叶轮的叶片不在空气隙时，其电压值约0.3～0.4V。若电压不在0～9V之间变化，则应更换霍尔信号发生器。

上述电压表显示的数值，由于车型或生产年代不同，其电压值有所不同，测试时应与同期生产的汽车进行对比判定，或根据维修资料规定的数据进行判定。

2）模拟检测。在实际工作中，常采用模拟信号发生器动作来进行判断，其方法如图5-18所示。关断点火开关，打开分电器盖。转动曲轴，使分电器触发叶轮的叶片不在空气隙中。拔出分电器盖上的中央高压线，使其端部与气缸体保持5～7mm。然后接通点火开关，用螺钉旋具(或薄铁板)轻轻插入和拔出信号发生器的间隙，模拟触发叶轮叶片在空气隙中的动作。如此时高压线端部跳火，说明霍尔信号发生器、点火器、点火线圈及连接导线性能

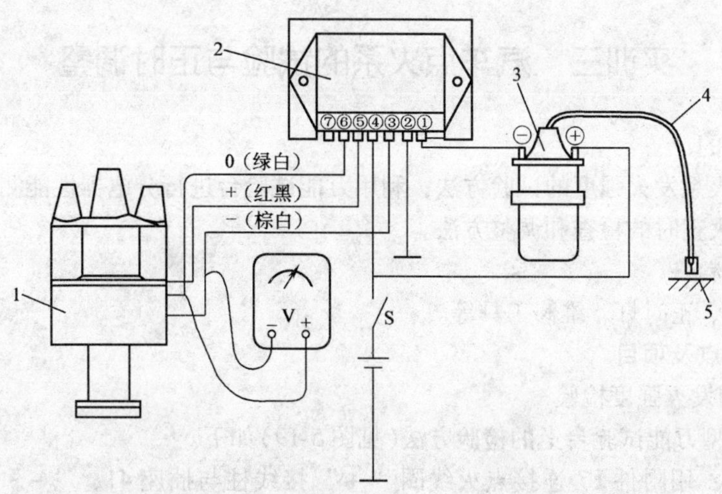

图 5-17　霍尔信号发生器输出电压的检查

1—分电器　2—点火器　3—点火线圈　4—中央高压导线　5—发动机机体

良好；如不跳火，在点火线圈、点火器及连接导线正常的情况下，说明信号发生器有问题，应该予以更换。

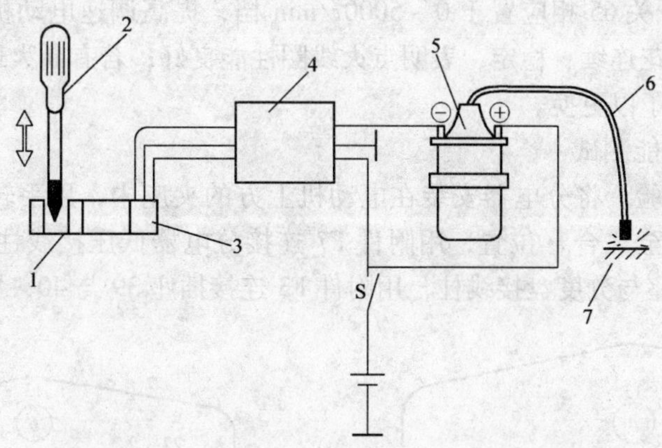

图 5-18　模拟检测

1—分电器霍尔触发间隙　2—螺钉旋具（或薄铁板）　3—信号发生器插接件

4—点火器　5—点火线圈　6—高压导线　7—发动机机体

将上述检测结果填入表 5-5，并给出技术结论。

表 5-5　电子点火系器件参数检测数据

项目＼类型	电磁脉冲式	项目＼类型	霍尔式
信号转子与传感器间隙/mm		霍尔发生器测量	
传感器线圈电阻/Ω		初步检查电压状态/V	
传感器绝缘电阻/kΩ		模拟检查电压状态/V	
传感器输出电压/V		输出电压/V	

实训三　汽车点火系的试验与正时调整

一、实训目的

1）掌握点火系发火强度的试验方法；利用万能试验台进行分电器性能测试。

2）掌握点火正时的检查和调整方法。

二、工具材料

万能试验台、正时灯、维修工具等。

三、操作要点及项目

1. 点火线圈发火强度检验

在 TQD—2 型万能试验台上的检验方法(见图 5-19)如下。

电路的连接：用附件 F7 连接点火线圈“＋”接线柱与插座 41，“－”接线柱与插座 46；用附件 F13 连接点火线圈高压线插座与三针放电器任一组的下侧电极；用附件 F5 连接插座 35 与 37 及插座 39 与 40。调整三针放电器电极间隙为 7mm。

检验过程：将开关 27 扳至低速，转速量程开关 65 相应置于 0 ~ 1000r/min 档。转动调速手轮使电动机转速至 1000r/min，待点火线圈温度升至正常工作温度(60 ~ 70℃)后，将开关 27 扳至高速档，开关 65 相应置于 0 ~ 5000r/min 档，提高调速电动机转速至 1900r/min。若此时三针放电器火花连续、稳定，表明点火线圈性能良好；若有断火现象，说明点火线圈性能不佳，严重者应予以更换。

2. 分电器综合性能测试

(1) 配电角度检验。将分电器安装在电动机上方的夹座中，用手转动电动机轴，同时拨动夹座旁的离合器至“合”位置，用附件 F7 连接分电器低压接线柱与插座 45，用附件 F14 连接点火线圈插座与分度盘接线柱，用附件 F3 连接插座 39 与 40，如图 5-20 所示。

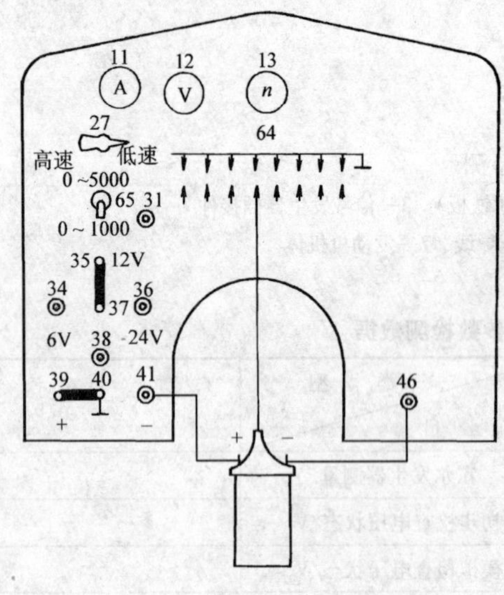

图 5-19　点火线圈发火强度检验

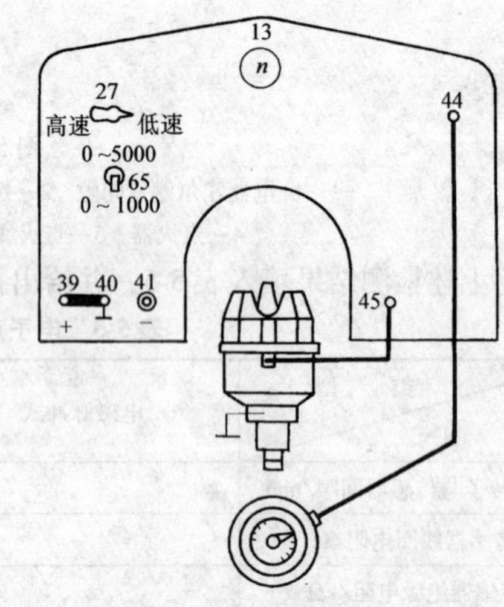

图 5-20　分电器综合性能测试

旋转开关27至低速档，开关65至0~1000r/min档，摇转手轮起动电动机并逐渐加速至200~250r/min，转动刻度盘，使某缸火花对正刻度盘的0°，观察其他各缸之间的配电角度。若相邻两缸火花间隔超过60°±1°，说明凸轮磨损不均匀或分电器轴与轴套磨损严重，导致偏摆。

(2) 离心提前机构的试验。在上述检验的基础上继续进行，让电动机转速稳定在100~150r/min，转动刻度盘使某缸火花处于0°，然后根据离心机构的点火提前特性规定的转速(见表5-6)调整电动机转速，观察电火花在刻度盘上移动的角度值，即点火提前角，若不符合要求，应更换弹簧。

表5-6 FD642型分电器点火提前特性

分电器转速/(r/min)	100	600	800	1000	1200	1500
提前角(°)	1~2	5~7	7.5~9.5	9~11	10.5~12.5	12~14

将试验结果填入表5-7，并与标准特性进行比较，给出结论。

表5-7 分电器转速点火提前特性检测结果

分电器转速/(r/min)	100	600	800	1000	1200	1500
提前角(°)						

(3) 真空提前机构的试验。此项试验在上述试验基础上继续进行。

将胶管一端接分电器真空管接头，另一端接试验台真空表下端的接头上，如图5-21所示。

将电动机转换开关27扳向高速位置，转速量程开关65至0~5000r/min档，起动电动机，转动刻度盘使其零度对准一个火花。手摇真空泵手轮，改变真空泵的吸力，分别测定各真空度对应的点火提前角。若测得的提前角大于标准值，说明膜片弹簧弹力不足或折断，若测得的提前角小于标准值(见表5-8)，则表明膜片破裂或管路漏气。

表5-8 FD642型分电器点火提前特性

真空度/Pa	13300	26700	33300	40000
提前角(°)	2~4	5~7	6.5~8.5	6.5~8.5

将试验结果填入表5-9，并与标准特性进行比较，给出结论。

表5-9 分电器负荷点火提前特性检测表

真空度/Pa	13300	26700	33300	40000
提前角(°)				

3. 点火正时的检查与调整

起动发动机，当发动机处于正常工作温度(70~80℃)时，用突然加速的方法来检查和判断发动机的点火正时。

(1) 当突然加速时，如果发动机速度急速提高并伴有短促而轻微的突爆声(轻微爆燃)，而后很快消失则为点火正时。

（2）如果突然加速，发动机转速不能随节气门开大而增大，发动机发闷且排气管出现“突突”声，则为点火过迟。

（3）如果突然加速时，发动机出现严重的金属敲击声，即爆燃(敲缸)，则为点火过早。

点火过早或过迟的一般调整方法是：松开分电器壳体固定螺栓，将分电器轴按顺时针或逆时针方向转动少许，直至调好点火正时。

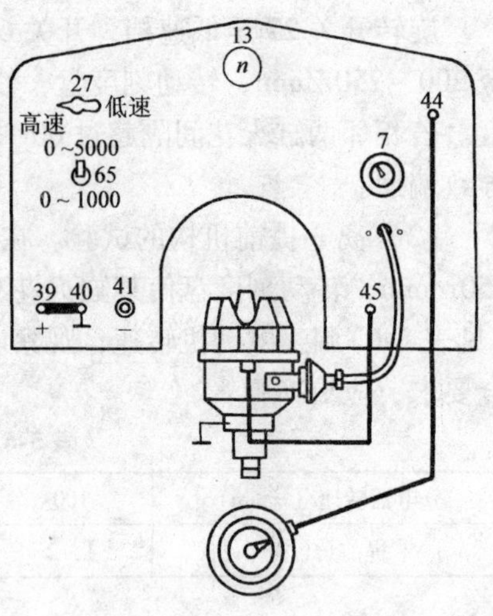

图 5-21　真空提前机构测试

4. 使用点火正时灯(仪)检查

（1）查找并验证飞轮或曲轴前端带轮上 1 缸压缩终了上止点标记和点火提前角标记，擦拭使之清晰可见，如标记不清晰，最好用粉笔或油漆将标记描白，如图 5-22 所示。

（2）将点火正时灯(仪)正确连接到汽车发动机上，将传感器夹在 1 缸高压线上。必要时，接上转速表和真空表。

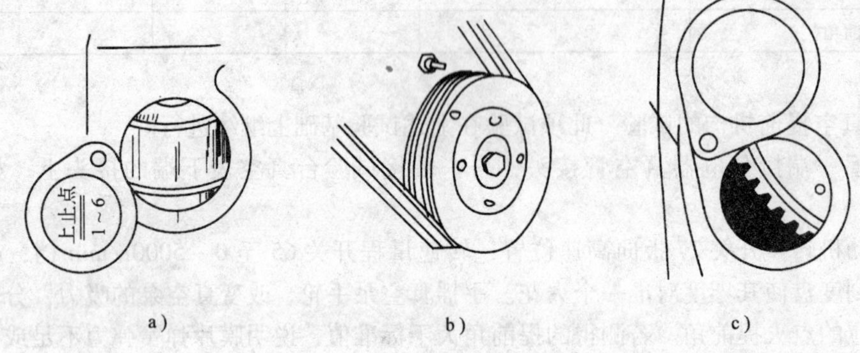

a)　b)　c)

图 5-22　发动机正时记号

a）解放牌汽车$\frac{上止点}{1-6}$与飞轮壳上刻线对准　b）北京 BJ212 曲轴带轮一个孔与正时齿轮室盖上的指针对准　c）东风 EQ1090 飞轮上的钢球与检视孔上的刻线对准，同时曲轴带轮上缺口对准正时齿轮室盖的凸起标记

（3）起动发动机，至正常工作温度状态，保持在怠速下稳定运转。打开正时灯并对准正时标记(正时刻度盘或正时指针)，调整正时灯电位器，使正时标记清晰可见，就如同固定不动一样。此时表头读数即为发动机怠速运转时的点火提前角。用同样的方法可分别测出不同工况、转速时的点火提前角并记录。

正时灯如图 5-23 所示，将红色线接在蓄电池正极，黑色线接负极，信号线夹在 1 缸高压线上。

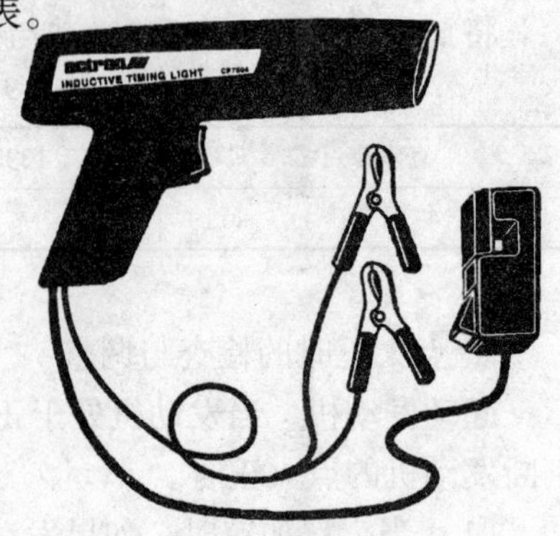

图 5-23　正时灯

（4）在拆下真空管接头并堵住(点火提前机构不起作用)的情况下，怠速时测出的点火提前角为初始提前角

(基本点火正时)。实际上，在怠速时由于离心式和真空式调节器未起作用或作用很小，在第(3)步怠速时测得的提前角基本就等于初始提前角。在拆下真空管的情况下，发动机在某一转速下测得的提前角减去初始提前角，即可得到该转速下的离心提前角；反之，在连接真空管的情况下，发动机在同样转速下测得的提前角减去离心提前角和初始提前角，则又可以得到真空提前角。用同样的方法可分别测出初始提前角及不同工况、转速、负荷时的离心和真空提前角并记录。

(5) 测出的点火提前角应与规定标准值进行对照，判断点火提前角的大小是否符合要求。不符合要求，应调整点火正时。

附录　桑塔纳点火系的主要技术参数

发动机型号			JV
分电器配件号			027905205J
点火次序			1-3-4-2
点火正时(°)			上止点前 6 ±1
怠速转速/(r/min)			850 ±50
真空管			拔下
闭合角(°)	调整值		47 ±3
闭合角(°)	磨损极限		42 ~58
离心调节装置	开始转速及角度		16000r/min，4° ~8°
离心调节装置	终止转速及角度		45000r/min，21° ~31°
真空调节装置	开始		16 ~20kPa
真空调节装置	终止		30.7kPa，14° ~16°
点火线圈	初级线圈电阻/Ω		1.7 ~2.1Ω
点火线圈	次级线圈电阻/kΩ		7 ~12kΩ
分火头电阻/kΩ			5 ±1
火花塞插头电阻值/kΩ			无屏蔽：1kΩ ±0.4kΩ；有屏蔽：5kΩ ±1kΩ
防干扰插头电阻/kΩ			额定值：1kΩ ±0.4kΩ
火花塞	型号	CHAMPION	N8YC
火花塞	型号	BOSCH	W7DC
火花塞	型号	国产	T4196J(株州)；F7T4(南瓷)
火花塞	火花塞间隙/mm		0.7 ~0.8
火花塞	火花塞拧紧力矩/N · m		20
高压线整体电阻/kΩ	中央高压线		额定值：0 ~2.8
高压线整体电阻/kΩ	分高压线		额定值：0.6 ~7.4

第六单元　汽车仪表的检测与试验

实训　汽车仪表的检测与试验

一、实训目的

1）加深理解汽车电气仪表的工作原理。

2）掌握汽车电气仪表的检测与试验的方法及技能。

二、工具材料

各种汽车仪表及组合仪表总成、万用表、稳压电源、可变电阻器、检修工具等。

三、操作要点及项目

1. 油压表的检测试验

（1）检测指示表与传感器的电阻值。用万用表检测指示表内的线圈和传感器的电阻值，其值应该符合原制造厂的规范，否则应更换，并作好记录。

（2）油压表与传感器的校验。检测方法如图 6-1 所示，接通开关 5，摇转手柄改变油压，当被测油压指示表 4 的压力与标准油压表 2 的压力对应相同，则证明被试油压表与传感器工作正常，否则应予以调整或更换。

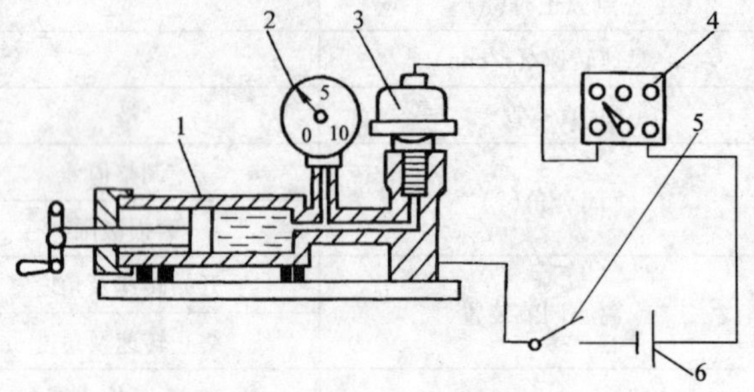

图 6-1　油压表与传感器的校验

1—手摇油压机　2—油压表　3—被测试(标准)传感器　4—标准(被测试)油压表　5—开关　6—蓄电池

几种车型的油压表的技术规格见表 6-1。

表 6-1　几种车型的油压表的技术规格

车　型	指示表电阻/Ω	传感器	
		压力/kPa(kgf/cm^2)	电阻/Ω
BJ213		0	1
		294(3)	46
		530(5.4)	87
三菱	50	0	0
		392(4)	84
		585(8)	110

（3）油压表与传感器的调整。电磁式、动圈式油压表可通过改变左右线圈的轴向位置或夹角来调整，双金属片式油压表可通过拨动表中的齿扇来调整。

调整双金属片式油压传感器可在传感器之间串入电流表。若油压为“0”压力时，传感器输出电流过大或过小，应烫开被试传感器的调整熔孔10，拨动调整齿扇5(见图6-2)进行调整。若油压过高时，输出电流较规定值偏低应更换传感器的校正电阻8(一般在30～360Ω范围内调整)，如任何压力下，输出电流均超过规定值，且调整齿扇无效时，应更换传感器。

（4）油压指示表的检测。检测油压指示表时，将被测的油压指示表串联在图6-3油压指示表的检测电路。

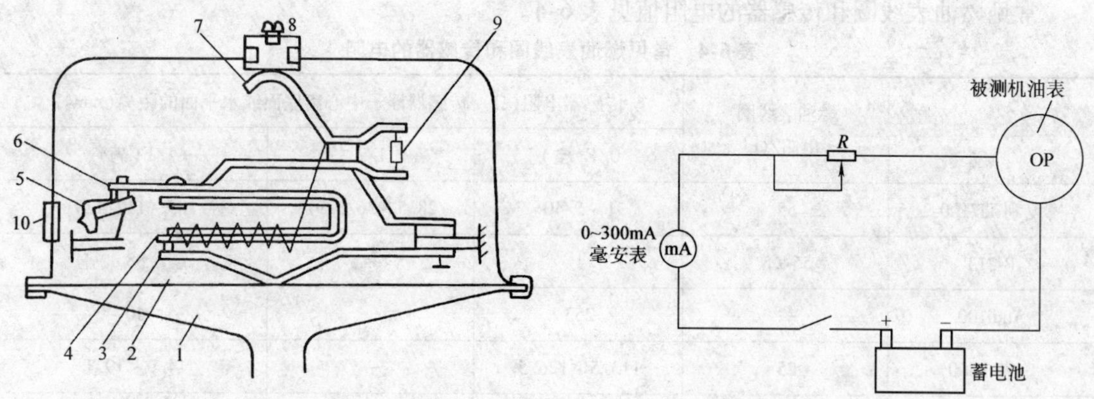

图6-2　油压传感器

1—油腔　2—膜片　3—弹簧片　4—双金属片　5—调整齿扇　6—接触片　7—接线柱　8—校正电阻　9—电阻　10—熔孔

图6-3　被测试指示表串接在电路中

接通开关，调整可变电阻，当毫安表分别指在规定值时，指示表应指在相应的位置上，误差不应超出20%。

几种车型的双金属片油压表的检验规范见表6-2。

表6-2　几种车型的双金属片油压表的检验规范

车　型	指示表的读数/mPa	标准电流表的指示数/mA	电流指示数的允许偏差/mA
解放CA10	0	65	±5
	0.2	175	±3
	0.5	240	±10
东风140	0	30	±2.5
	0.3	62.5	±1.5
	0.7	90	±4

将上述检测结果填入表6-3，并给出检测结论。

表 6-3　油压表与传感器检测结果

车　型		测量电阻值/Ω	校验偏差(%)	结　论
油压表型号				
传感器型号				

2. 燃油表的检测

(1) 燃油表与传感器的测量。用万用表分别测量燃油表线圈和传感器电阻值，均应符合制造厂的规定，不符合标准应维修或更换。

常见燃油表线圈和传感器的电阻值见表 6-4。

表 6-4　常见燃油表线圈和传感器的电阻

车　型	燃油表线圈电阻/Ω	传感器电阻(Ω)/传感器浮子中心离底面或水平面的距离(mm)		
		0/E(空)	1/2	1/F(满)
夏利 TJ7100	55	1 ~ 5/40	28.5 ~ 36.5/91	103 ~ 117/129
BJ213	55 ± 5	1	44	88
Audi100	—	253	—	40
三菱 L300	25	113.5 ~ 126.5	—	14.9 ~ 19.1
日产(蓝鸟)	—	80/205.5	37/121.1	10/30.6
丰田(皇冠)	102	110/136.3	32.5/40.5	3/47.7

(2) 燃油表与传感器的检测与调整。先将被测指示表与标准传感器按图 6-4 所示接线。然后闭合开关 S，将标准传感器的浮子杆与垂直轴线分别成 31°和 89°时，指示表必须对应指在“0(E)”和“1(F)”的位置上，其误差不得超过 ±10%，否则应予以调整。

若电磁式、动磁式指示表不能指到“0(E)”时，可上下移动左铁心的位置进行调整；若不能指到“1(F)”时，可上下移动右铁心的位置进行调整，或更换新表。

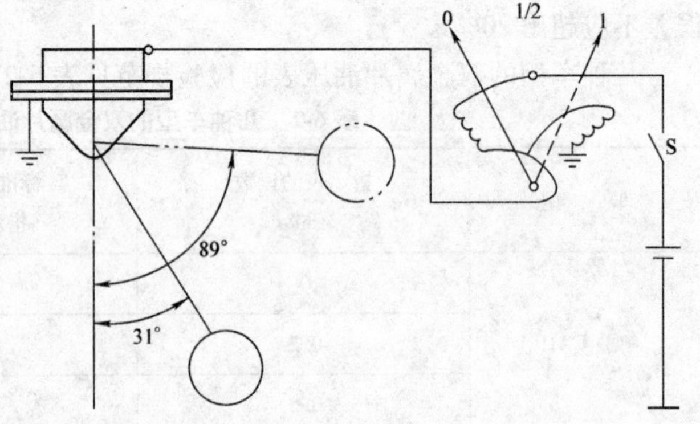

图 6-4　燃油表与传感器的检测

若双金属片式指示仪表不能指到“0(E)”或“1(F)”时，可转动调整齿扇进行调整。

若使用标准指示仪表检测传感器超过误差值时，可改变滑动接触片与电阻的相应位置进行调整，或更换新传感器。

将检测结果填入表 6-5，并给出结论。

表 6-5 检测记录

燃油表线圈电阻	标准阻值/Ω	测量阻值/Ω	结 论
传感器位置	标准阻值/Ω	被测阻值/Ω	结论
0/E(空)			
1/2			
1/F(满)			

3. 水温表的检测

(1) 水温表与传感器的测量。用万用表分别测量水温表线圈和传感器电阻值，均应符合制造厂的规定，不符合标准应维修或更换。

常见水温表线圈和传感器的电阻值见表 6-6。

表 6-6 常见水温表线圈和传感器的电阻

车 型	水温表线圈电阻/Ω	传 感 器	
		水温/℃	传感器电阻/Ω
夏利 TJ7100	25	50	226
		115	26.4
BJ213		40	136.5
		105	93.5
		115	55.1
Audi100		50	253
		120	40
三菱 L300	25	C	104
		H	24

(2) 水温指示表的检测与调整。对于双金属片式水温表可将被测试指示表串接在如图 6-5 所示的电路中。接通开关，调节可变电阻 R，当毫安表指示 80mA、160mA、240mA 时，指示表应相应指在 100℃、80℃、40℃的位置上，其误差应符合表 6-7 的规定(不同型号的水温表有所差异)。若指示值与规定电流不符，应予以调整。若指针在“100℃”时不准，可拨动左调整齿扇进行调整。若指针在“40℃”时不准，可拨动右齿扇进行调整，使其与标准值相符，各中间点可不必校验。

表 6-7 水温表的允许误差数据表 (单位:℃)

测 量 范 围	检测温度值	允 许 误 差
40 ~ 120	100	±4
	80	±5
	40	±10

(3) 水温表与传感器的校验。按图 6-6 所示装好被检测传感器(检测传感器时)或者标

准传感器(检测指示表时)，并接好线路。接通电路，使加热容器内的水温分别为规定值，并在保持3min不变的情况下观察水温指示表与水银温度计读数，相同则为良好，否则需要调整或者更换。

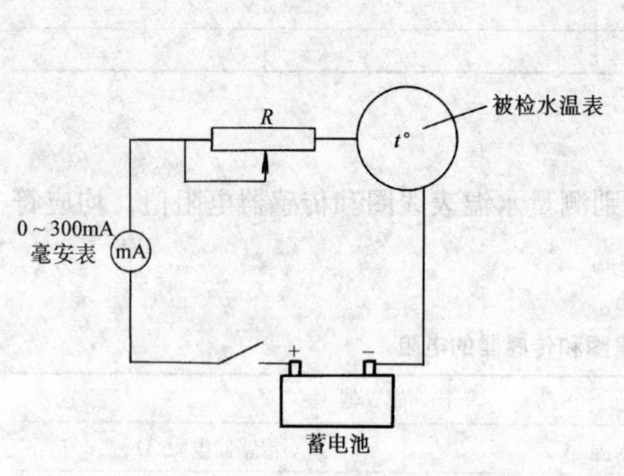

图6-5　水温指示表的检测

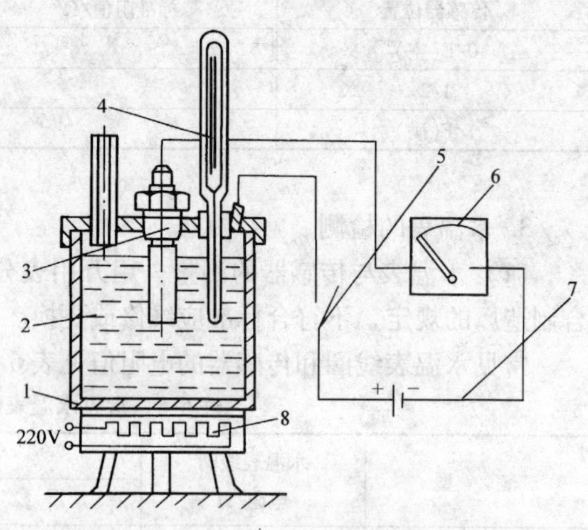

图6-6　水温表的校验

1—加热容器　2—水　3—被检测(或者标准)传感器　4—水银温度计　5—开关　6—标准(被检测)水温表　7—蓄电池　8—电炉

将检测结果填入表6-8，并给出结论。

表6-8　检测记录

水温表线圈电阻	标准阻值/Ω	测量阻值/Ω	结　论
水温传感器状态	标准阻值/Ω	被测阻值/Ω	结论
环境温度(____℃)			
加热温度1(____℃)			
加热温度2(____℃)			

第七单元　汽车信号与报警装置的检测

实训一　电喇叭的调整与试验

一、实训目的

1）掌握电喇叭的基本构造和工作原理。

2）掌握电喇叭的调整部位和调整方法。

3）掌握喇叭继电器检查试验的方法。

二、工具材料

电喇叭、喇叭继电器、蓄电池、万用表、工具等。

三、操作要点及项目

1. 电喇叭的基本检查

（1）检查扬声筒和喇叭盖。如有凹陷或变形时，应修整。扬声筒破裂更换时，应注意高低音之分。高音喇叭的扬声筒比低音喇叭的扬声筒短，如螺旋形喇叭，其高音的扬声筒为1.5圈，低音的扬声筒为2.5圈，不能装错。

（2）检查线圈，灭弧电阻、电容器等各接头是否牢固。如有断脱，应用烙铁焊牢。如有损坏，应更换。

（3）检查喇叭膜片有无破裂。有破裂时应更换膜片。

2. 电喇叭的测量与检修

（1）电喇叭线圈的检测。用万用表 $R\times1\Omega$ 档测量喇叭线圈电阻，将测得值与标准值(见表7-1)对照，若阻值低于规定值，说明线圈有短路；若测得阻值无穷大，说明线圈有开路故障。

表7-1　部分电喇叭的线圈数据

喇 叭 型 号	额定电压/V	额定电流/A	导线直径/mm	匝　　数	电阻/Ω
DL34G—12	12	≤7.5	ϕ0.77	92	0.42
DL34G—24	24	≤5	ϕ0.55	184	1.6
DL135G—12	12	≤5	ϕ0.77	110	0.4

当线圈有短路、开路和搭铁故障时，可按原数据重新绕制。

（2）检查触点接触状况。触点应光洁，平整；上下触点应重合，其中心线的偏移不应超过0.25mm，接触面积不应小于70%，否则应修整。如触点表面烧蚀严重时，应拆下用油石打磨，其方法如图7-1所示。打磨厚度低于0.3mm，应更换，并注意金属垫片和绝缘片的位置，切勿装错。

（3）检查电喇叭耗电量的情况。检查电路接按图7-2所示接线，接通开关S，电喇叭在蓄电池正常供电的情况下，发音应该清脆洪亮、无沙哑杂音，耗电量应不大于附录一(1)、(2)的规定。如耗电过大或者声音不正常时，应予以调整。

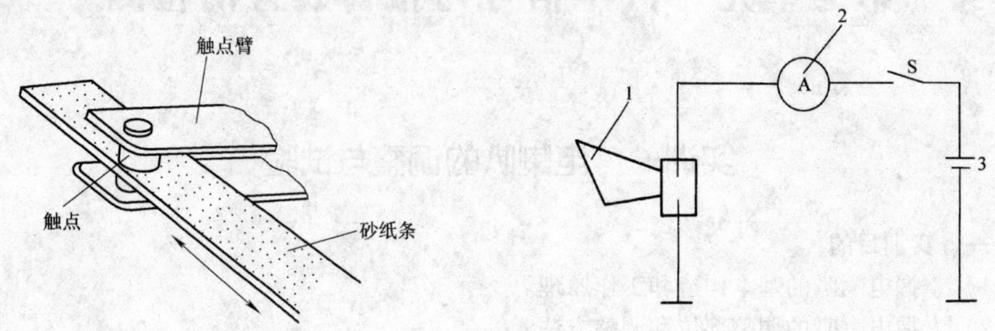

图 7-1　触点打磨方法

图 7-2　检查电喇叭耗电量

1—喇叭　2—电流表　3—蓄电池

3. 电喇叭的调整方法

(1) 音调的调整。电喇叭音调的高低与铁心间隙有关，间隙小时，膜片的振动频率高，音调高；反之音调低。铁心间隙 δ(一般为 0.7 ~ 1.5mm) 根据喇叭高低音与规格而定。调整音调时，使用塞尺测铁心间隙，当不符合规定时再进行调整。

筒形、螺旋形电喇叭铁心间隙的调整部位和调整方法如图 7-3 所示。对图 7-3a 所示的电喇叭，应该先松开锁紧螺母 3，然后转动衔铁 4，即可改变衔铁与铁心间气隙 δ；对图 7-3b 所示的电喇叭，松开上、下调节螺母 5、6，即可使铁心上升或下降，即改变铁心间隙。

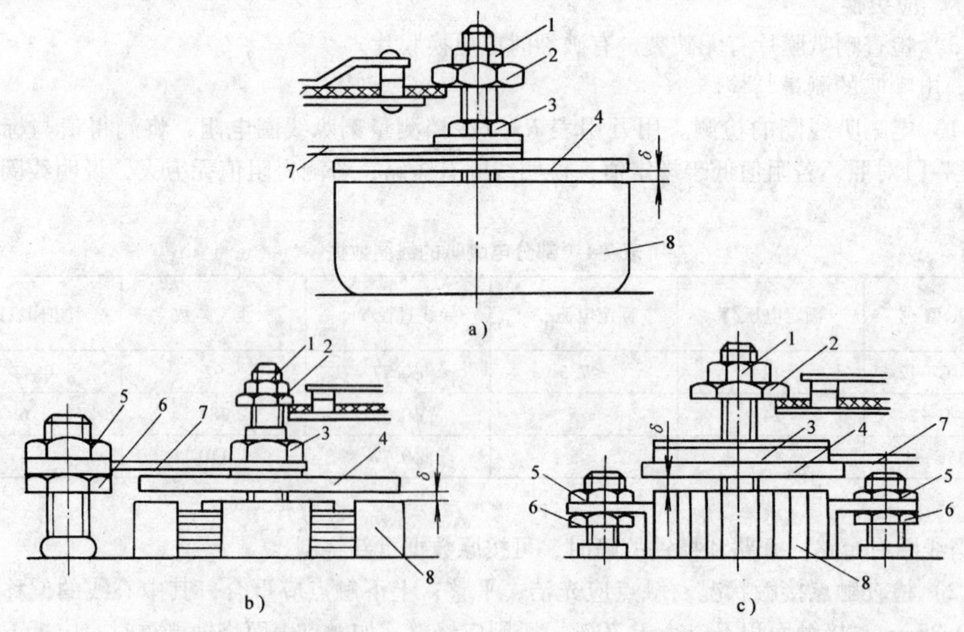

图 7-3　筒形、螺旋形电喇叭铁心间隙的调整

1、3—锁紧螺母　2、5、6—调节螺母　4—衔铁　7—弹簧片　8—铁心　δ—铁心间隙

对图 7-3c 所示的电喇叭，可先松开锁紧螺母 3，转动衔铁加以调整，然后松开调节螺母

5、6，使弹簧片与衔铁平行后紧固。调整时，应使衔铁与铁心间的气隙均匀，否则会产生杂音。

盆形电喇叭衔铁间隙的调整如图7-4所示，调整时应先松开锁紧螺母，然后旋转音量调整螺栓（铁心）进行调整。

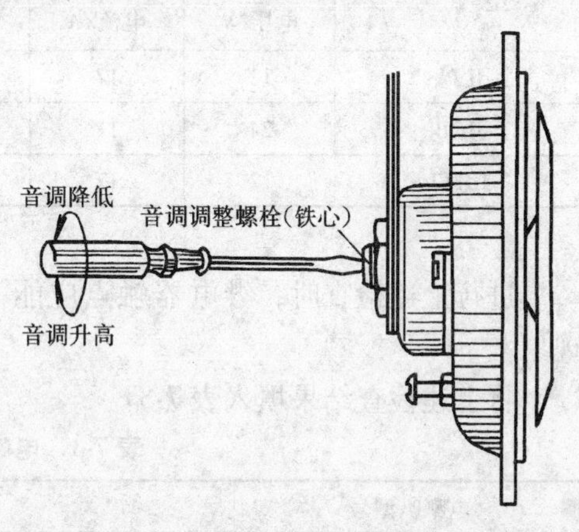

图7-4　盆形电喇叭音调的调整

（2）音量的调整。电喇叭声音的大小与通过喇叭线圈的电流大小有关。当触点压力增大时，流入喇叭线圈的电流增大，使喇叭产生的音量增大，反之音量减小。

触点压力是否正常，可通过检查喇叭工作时的耗电量与额定电流是否相符来判断。如相符则说明触点压力正常；如耗电量大于或小于额定电流，则说明触点压力过大或过小，应予调整。对于图7-3所示的筒形、螺旋形电喇叭，应先松开锁紧螺母1，然后转动调节螺母2（反时针方向转动时，触点压力增大，音量增大）进行调整；对图7-5所示的盆形电喇叭，可旋转音量调节螺钉（反时针方向转动时，音量增大）进行调整。调整时不可过急，每次只需对调节螺母转动1/10圈。

4. 喇叭继电器的检查试验

喇叭继电器检查的主要内容有：闭合电压和释放电压。如图7-6所示，将稳压电源输出电压逐渐增加，并观察继电器触点，触点闭合瞬间电压表指示的电压值即为闭合电压；然后再逐渐减小输出电压值，触点断开瞬间的电压即为释放电压，其值应该符合表7-2的规定，否则，应预调整。闭合电压可通过改变弹簧2的张力予以调整；释放电压可通过弯曲限位钩改变触点间隙予以调整。

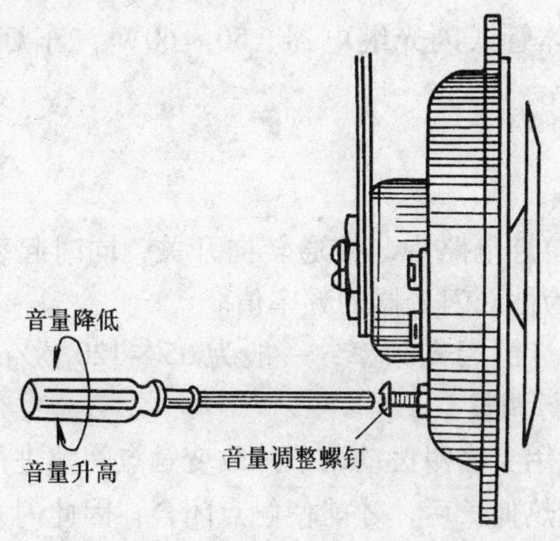

图7-5　盆形电喇叭音量的调整

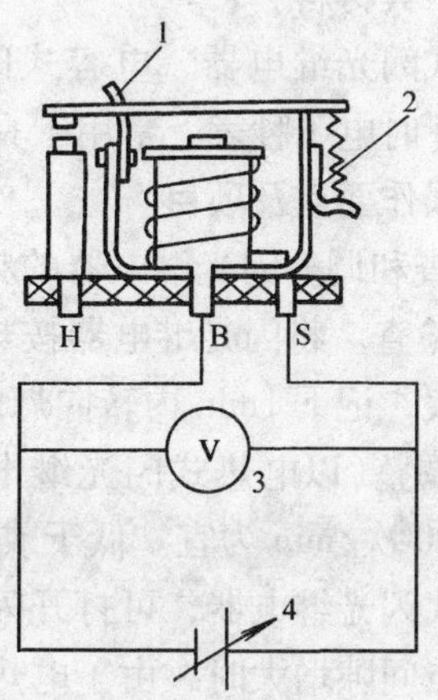

图7-6　喇叭继电器的检查

1—限位钩　2—弹簧

3—电压表　4—稳压电源

表 7-2　喇叭继电器型号、规格和性能参数

型　号	额定电压/V	额定电流/A	闭合电压/V	释放电压/V	线圈主要参数		
					直径/mm	匝数	电阻/Ω
JL2A	12	17	≤8	≥3	0.17	1000	26
JL2B	24	11	≤16	≥6	0.13	2000	105
JD112	12	17	≤7.6	≥3	0.17	1000	26

进行上述检查时，继电器触点应能一次闭合和一次断开，不允许有跳动和接触不良的现象。

将上述检查结果填入表 7-3。

表 7-3　电喇叭和继电器的检测结果

电喇叭型号		继电器型号	
线圈电阻/Ω		线圈电阻/Ω	
工作电流/A		吸合电压/V	
铁心间隙/mm		释放电压/V	
结　论		结　论	

实训二　转向信号闪光继电器的检测

一、实训目的

1）熟悉转向信号闪光继电器的结构和工作原理。

2）掌握闪光继电器的检查和调整方法。

二、工具材料

电热式闪光继电器、电容式闪光继电器、晶体管式闪光继电器、50～60W 汽车灯泡、蓄电池、计时电子秒表、常用工具等。

三、操作要点及项目

1. 检查和调整闪光继电器的频率值

（1）检查。将闪光继电器按规定接入汽车转向灯电路中，接通转向开关，同时起动计时电子秒表，记下 1min 内转向灯的闪光次数，即为被测闪光器的频率值。

（2）调整（以电热式闪光继电器为例）。转向灯的闪光频率，一般为 65～120 次/min，但以 60～90 次/min 为宜。低于或超出规定值应进行调整。

电热式闪光继电器，可打开闪光继电器外壳，用尖嘴钳拨动调节片改变触点间隙进行调整。在触点间隙增大时，由于电热丝需经过较长受热伸长后，才能使触点闭合，因此闪光频率降低；反之频率升高。

2. 测试闪光继电器技术性能

（1）按图 7-7 所示连接好闪光继电器的闪光试验电路。

（2）接通电源，观察灯泡的闪光频率。要求灯泡应闪亮，且闪光频率应为 70～90 次/

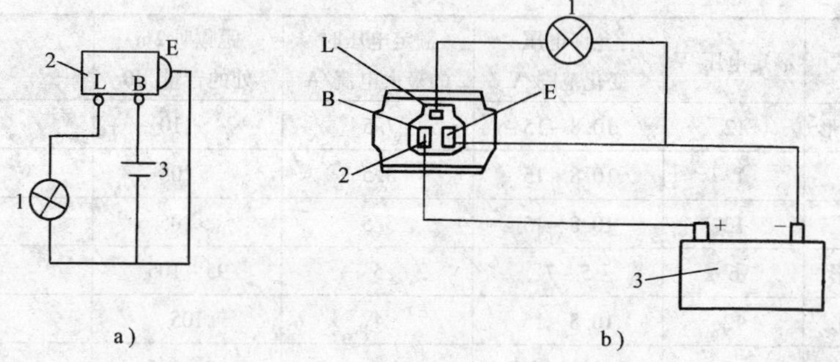

图 7-7　闪光继电器试验电路

a）电容电热式闪光试验电路　b）晶体管式闪光继电器试验电路

1—50～60W 灯泡　2—闪光继电器　3—蓄电池

min。如灯泡不亮或长亮不闪，为继电器故障，应调整或更换继电器。

3. 注意事项

（1）调整电热式闪光继电器时，动作要缓慢，不可用力过猛，以免损坏闪光继电器，并注意及时准确地计算出闪光继电器的频率值。

（2）常用闪光继电器的主要技术参数见附录二，调整闪光继电器时，应严格按其额定电压和额定功率来考虑，其额定功率应按汽车前、中(侧)、后转向灯和仪表板上的转向指示灯功率的总和来计算。电热式、电容式闪光继电器的闪光频率与使用的灯泡功率有关。

（3）调整时，闪光继电器的接线必须正确标有“L”或“信号灯”的接线柱应与转向开关相接；标有“B”或“电源”的接线柱应与电源正极相接；标有“P”或“指示灯”的接线柱应与仪表板的指示灯相接。对电容式和晶体管式闪光继电器还应注意其正、负极性。

（4）不允许用搭铁试火的方法来检验闪光继电器及有关电路。更换转向灯时，必须切断电源。

（5）在装有危险信号灯装置的闪光继电器电路中，其信号的工作时间不宜过长。

附录一　常用电喇叭的主要技术参数

(1)

喇叭型号	形式	额定电压/V	允许电压变化范围/V	额定电压时的最大电流/A	距喇叭1m处音量/dB	音频/Hz	导线直径/mm	匝数	电阻/Ω	灭弧电阻/Ω	电容器容量/μF
DL34G—6		6	5.7～7.2	10.5			QZ ϕ1.12	51	0.106	4	0.5
DL34G—12	螺旋形	12	10.5～14.5	7.5	>110	350～420	QZ ϕ0.77	92	0.42	4.8	无
DL34G—24		24	21～29	5.0			QZ ϕ0.55	184	1.6	39	0.15

(2)

喇叭型号	形式	额定电压/V	允许电压变化范围/V	额定电压时的最大电流/A	距喇叭 2m 处的音量/dB	音频/Hz
DL135GB	螺旋形	12	10.8~15	7.5	>110	350~430
DL50D		12	10.8~15	3.5	>105	290~330
DL50G		12	10.8~15	3.5	>105	345~395
DL627S	盆形	6	5~7	5	95~105	
DL129DG	盆形	12	10.8~15	4	105	
DL87DG	盆形	12	10.8~15	6	90~105	
DL127S	盆形	12	10.8~15	6	95~105	
DL229DG	盆形	24	21.6~30	3	105	310
DL227S	盆形	24	21.6~30	3	95~105	

附录二　常用国产闪光继电器的技术参数

型　号	类型	额定电压/V	用途	闪光频率/(次/min)	额定负载/W
SD56	电热式	12	转向	50~110	43
SD56B	电热式	24	转向	50~110	46
SD57	电热式	12	转向	50~110	55
SG123	翼片式	12	转向	50~110	42
SG224C	翼片式	24	转向	50~110	47
SG112	电容式	12	转向	50~110	42
SG212	电容式	24	转向	50~110	47
SG212J	电容式	24	报警	50~110	43
SG151	晶体管式	12	转向报警	50~110	65

第八单元　汽车辅助电器的检修与维护

实训一　汽车刮水器电动机的检修

一、实训目的

1）掌握汽车刮水器电动机拆装、维修方法。

2）掌握汽车刮水器的检测和实验方法。

二、工具材料

汽车刮水器电动机、万用表、拆装工具。

三、操作要点及项目

1. 刮水器电动机的检修

修理内部有故障的刮水器电动机时，应该解体检修。其步骤为：

1）用旋具拆下图 8-1 中的①、②、③三个蜗轮箱盖螺钉，即可取下箱盖和蜗轮。

2）用扳手拧下两个电动机盖固定螺母，取下电动机盖。

3）抽出电枢总成。

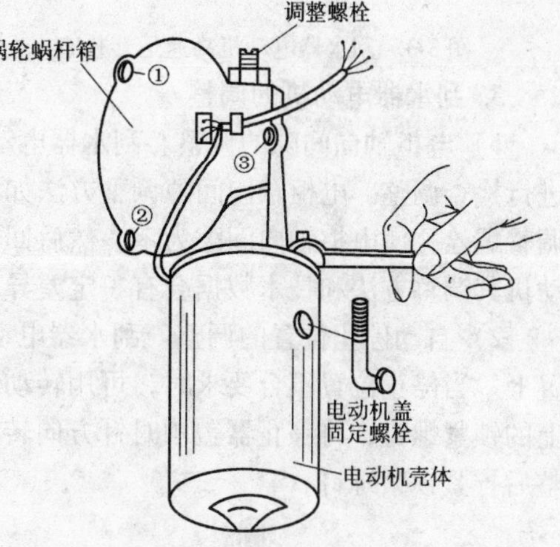

图 8-1　刮水器电动机的解体

2. 刮水器电动机的检修

1）检查换向器表面有无烧蚀。轻微烧蚀，可用细砂布打磨，严重烧蚀应车光或更换。

2）检查电刷高度。一般电刷的标准高度约为 12. 5mm，当高度小于 8mm 时，应予以更换。

3）检查蜗轮、蜗杆有无磨损，磨损过多应予以更换。

4）检查电枢轴与轴承的配合间隙，一般不应超过 0. 1mm，电动机摇臂的轴向间隙不应超过 0. 03 ~ 0. 12mm，否则应予以更换。

5）检查定位开关的触点有无烧蚀、脏污，如有则用细砂布打磨。

6）测量电枢绕组、励磁绕组电阻，检查有无搭铁、短路和断路。

3. 检修后，按照拆解的相反顺序装配电动机

4. 刮水器电动机的实验

1）检查低速运转状态。检查方法如图 8-2 所示，把蓄电池正极引线接到端子②，负极引线接到端子①，检查电

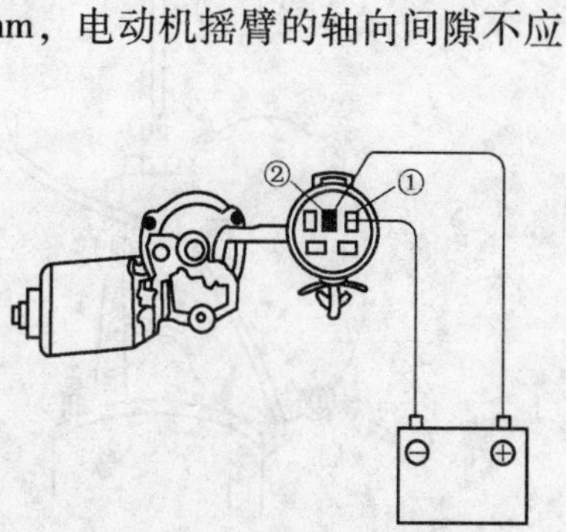

图 8-2　刮水器电动机低速运转检查

动机是否以低速运转。如果运转不符合规定，则应更换电动机。

2）检查高速运转状态。检查方法如图 8-3 所示，把蓄电池正极引线接到端子③，负极引线接到端子①，检查电动机是否以高速运转。如果运转不符合规定，则应更换电动机。

3）检查停止状态。电动机以低速运转时，除了停止位置以外的任何位置，用拆下端子③的正极引线的方法停止电动机的转动。连接端子③和④，如图 8-4 所示，蓄电池正极引线接到端子⑤，负极引线接到端子①，电动机再运转后，检查运行到停止位置时，电动机是否运转。如果运转不符合规定，则应更换电动机。

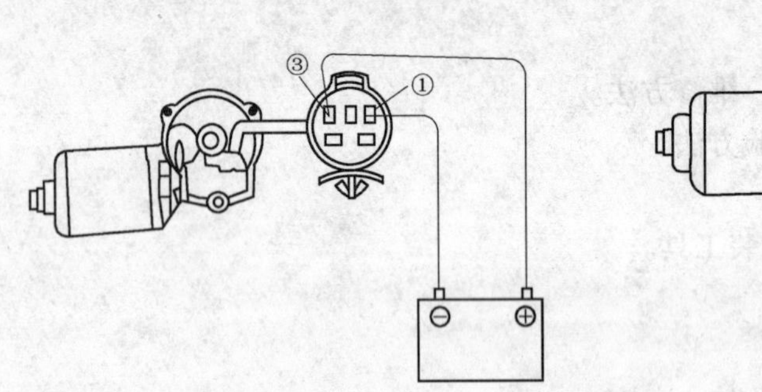

图 8-3　刮水器电动机高速运转检查

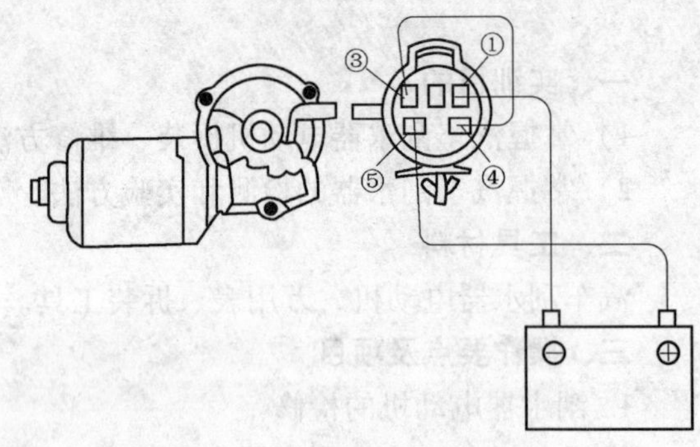

图 8-4　刮水器电动机停止位置检查

5. 刮水器电动机的调整

1）电枢轴向间隙的调整。刮水器电动机装复后或使用了较长时间，其电枢轴向间隙应进行检查调整。电枢轴向间隙调整方法如图 8-5 所示。调整时先松开锁紧螺母，用旋具转动调整螺栓，使电枢轴向间隙为零，然后回松 0.5 ~1 圈，再拧紧锁紧螺母即可(不同型号的电动机其调整方法和技术数据会有一定差异,可按原技术要求进行调整)。

2）自动停止位置的调整。刮水器电动机使用中要求风窗玻璃上的刮水片能停在合适位置上。当停止位置不合要求时，可用转动停止器盖的方法进行调整。如图 8-6 所示，拧松盖上的锁紧螺钉，将停止器盖顺时针方向转动，停止变早；逆时针方向转动，则停止延迟。调整后拧紧锁紧螺钉。

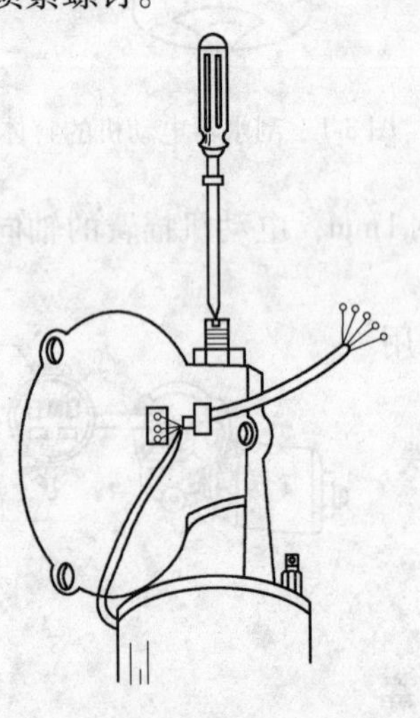

图 8-5　电枢轴向间隙调整

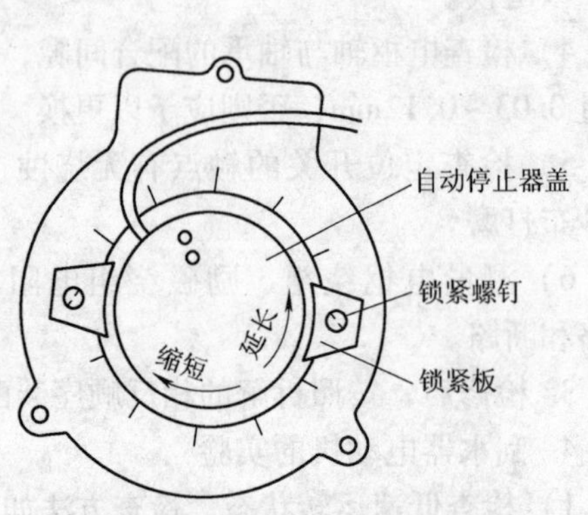

图 8-6　自动停止位置的调整

实训二　汽车电动后视镜的检修

一、实训目的

掌握汽车电动后视镜的检修方法。

二、工具材料

实车一辆、万用表、拆装工具。

三、操作要点及项目

1. 汽车电动后视镜的电路

汽车电动后视镜控制电路主要由点火开关、熔断器、后视镜控制开关、左右调节开关、左侧与右侧后视镜电动机组成。汽车电动后视镜的电路如图 8-7 所示。

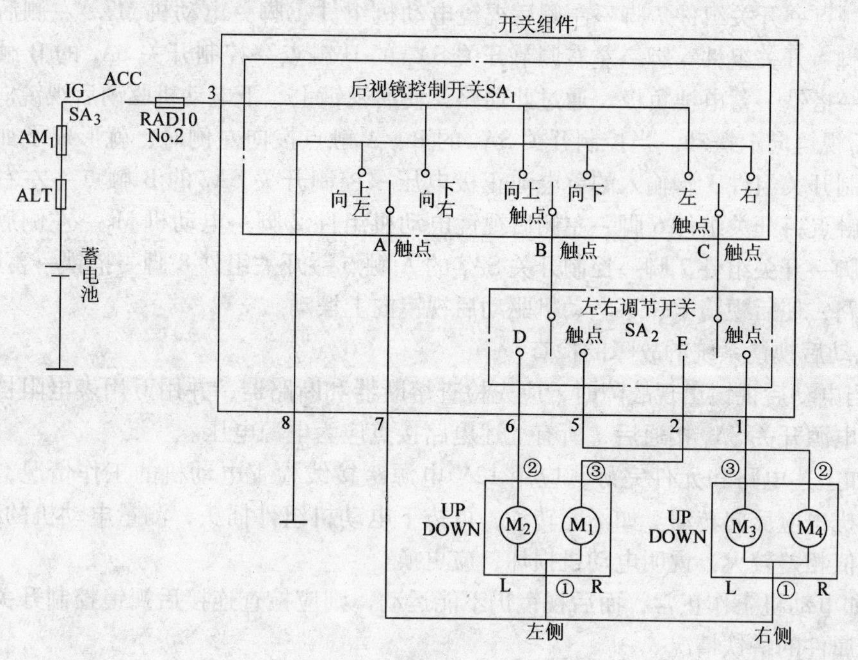

图 8-7　汽车电动后视镜的电路

电动后视镜的背后装有两套电动机和驱动器，可操纵反射镜上下及左右转动。通常，上下方向的转动用一个电动机控制，左右方向的转动由另一个电动机控制。通过改变电动机的电流方向，即可完成后视镜的上下及左右的调整。

2. 汽车电动后视镜电路解析

（1）电源通路。电源通路为：蓄电池正极→ALT 熔断器→AM_1 熔断器→点火开关 SA_3→RADIO NO. 2 熔断器→控制开关组件 3 脚。

（2）后视镜功能的控制过程。汽车左、右两侧后视镜的工作原理基本相同，现以左侧后视镜为例进行分析。

1）后视镜向左摆动。在图 8-7 中，当左右调节开关 SA_2 拨向左侧的 D、E 触点时，就分别与左侧的开关触点接通，则左侧后视镜处于被控状态。当控制开关 SA_1 的 A、C 触点拨向左侧时，就分别与左侧的开关触点接通，由此就形成了如下的电流通路：控制开关组件3脚输入的蓄电池正极电压→控制开关 SA_1 的C触点→左右调节开关的E触点→开关组件2脚→左侧后视镜电动机组件③脚→电动机 M_1→左侧后视镜电动机组件①脚→开关组件7脚→控制开关A触点→开关组件8脚→搭铁→蓄电池负极。通过此通路，使后视镜左、右电动机驱动后视镜向左摆动。

2）后视镜向右摆动。当控制开关 SA_1 的A、C触点拨向右侧时，就分别与右侧的开关触点接通，由此就形成了如下的电流通路：控制开关组件3脚输入的蓄电池正极电压→控制开关 SA_1 的A触点→开关组件7脚→左侧后视镜电动机组件①脚→电动机M1→左侧后视镜电动机组件③脚→开关组件2脚→左右调节开关 SA_2 的E触点→控制开关C触点→开关组件8脚→搭铁→蓄电池负极。通过此通路，使后视镜左、右电动机驱动后视镜向右摆动。

3）后视镜向下摆动。当控制开关 SA_1 的B、A触点拨向右侧(此时 SA_2 的D、E触点在左侧)时，就形成了如下的电流通路：控制开关组件3脚输入的蓄电池正极电压→控制开关 SA_1 的A触点→开关组件7脚→左侧后视镜电动机组件①脚→电动机 M_2→左侧后视镜电动机组件②脚→开关组件6脚→左右调节开关 SA_2 的D触点→控制开关 SA_1 的B触点→开关组件8脚→搭铁→蓄电池负极。通过此通路，使后视镜上、下电动机驱动后视镜向下摆动。

4）后视镜向上摆动。当控制开关 SA_1 的B、A触点拨向左侧时，就形成了如下的电流通路：控制开关组件3脚输入的蓄电池正极电压→控制开关 SA_1 的B触点→左右调节开关 SA_2 的D触点→开关组件6脚→左侧后视镜电动机组件②脚→电动机 M_2→左侧后视镜电动机组件①脚→开关组件7脚→控制开关 SA_1 的A触点→开关组件8脚→搭铁→蓄电池负极。通过此通路，使后视镜上、下电动机驱动后视镜向上摆动。

3. 电动后视镜系统的故障的检查

1）当电动后视镜出现故障时，应先检查熔断器和断路器，并用万用表电阻档测试开关总成。当电源开关 SA_3 接通后，所有上述电路接点应为电源电压。

2）如上述电路和元件完好，应用12V电源跨接线检查电动机的工作情况，接线换向时，电动机也应反向转动。如不能转动，可拔下电动机组件插头，测量电动机的线圈电阻，如与标准值相差较大，说明电动机损坏，应更换。

3）如电动机工作正常，而后视镜仍不能运动，则应检查连接后视镜控制开关和车门或仪表板金属件的搭铁情况。

第九单元　汽车线路的检修与维护

实训　汽车全车线路的检修与维护

一、实训目的

1）掌握维护汽车线路的基本操作方法。

2）掌握全车线束的拆装方法。

3）学习全车电路的分析、拆画方法。

二、工具材料

全车线路配件、相应车型的电气线束、万用表、常用工具等。

三、操作要点及项目

汽车线束直接受到机械振动、颠簸、温度变化、刮擦的作用及油水的侵蚀，长期使用易使线束包皮损坏，线头断开或接触不良，这就需要检修维护和更换导线、接线头、电路断电器或全车线束。

1. 安装线束时应注意的事项

1）线束应用卡簧或线卡固定，以免松动磨坏。

2）线束不可接得过紧，尤其在拐弯处更应注意，在绕过锐角或穿过金属孔时，应用橡皮或套管保护，否则容易磨坏线束而发生短路、搭铁，并有烧毁全车线束、酿成火灾的危险。

3）连接电器时，应根据插接器规格以及导线的颜色或接头处套管的颜色，分别接于电器上，若不易辨别导线的头尾时，一般可用试灯区分，不宜用试火法，因为在供电系统中，试火容易烧坏导线。

2. 插接器的维修

插接器导线接头常因大气侵蚀或电火花而发生蚀损，因机械振动而使线端断裂。保持接头接触良好，修复损坏线头是线束维修的基本作业。

拆插接器时，须压下闭锁，切不可直接猛拉电线，如图9-1所示，若发现插头插座损坏或锈蚀严重，应按图9-2所示方法用小螺钉旋具自插口端伸入撬开锁紧环，拉出线头。对锈蚀严重的线头，可用细砂纸打去锈层，若有损坏应更换插头插座。

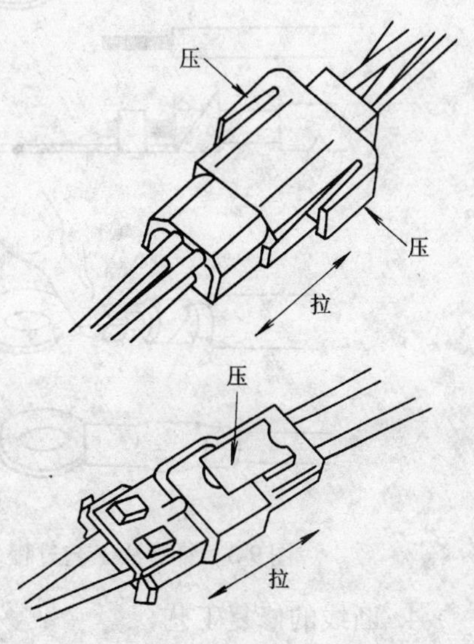

图9-1　插接器的闭锁装置及拆卸方法

3. 导线端子的制作方法

新增线路或修复接头时常用钎焊法、压力折皱法制

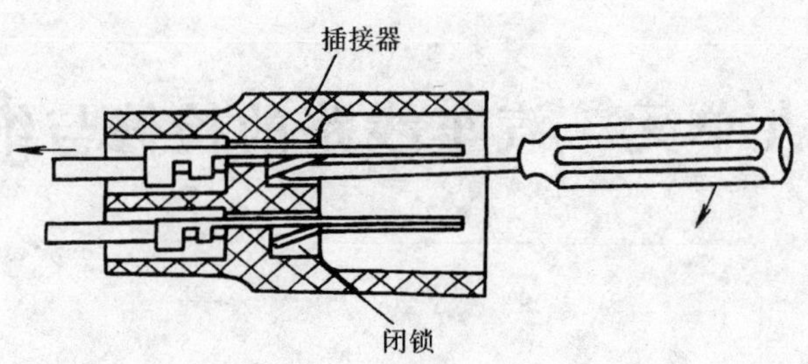

图 9-2　插接器的接头锁紧环拆卸方法

作电线端子。

（1）钎焊修复工艺。

1）将电线尾端剥掉一段绝缘层。

2）选用适当尺寸的套管和电线接头，套上线端。

3）用钳子将接线头柄部分分别与绝缘层与线芯夹紧。

4）用电烙铁将线芯加热，等线芯加热后用松香芯焊锡与接头处接触，使其熔接，熔后趁热将套管拉到接头处，线头即可制成，如图 9-3 所示。

采用焊锡管助焊时，应先将焊膏涂于待焊部位，用大功率电烙铁蘸锡后带锡一气焊成，直到焊锡充分渗透待焊部位为止。

（2）压力折皱法修复技术。此方法是以加压力代替焊接的连接法，目前已被很多制造厂及汽修厂采用，它同样保证连接牢固，并且简化了线头修复工艺，压力折皱法需采用一种乙烯基塑套筒，制作时先将线端剥去绝缘层露出线芯，套上塑料套管和接头，形成一个塑料夹头，最后用专用夹线钳加压就制成牢固连接的接头，如图 9-4 所示。

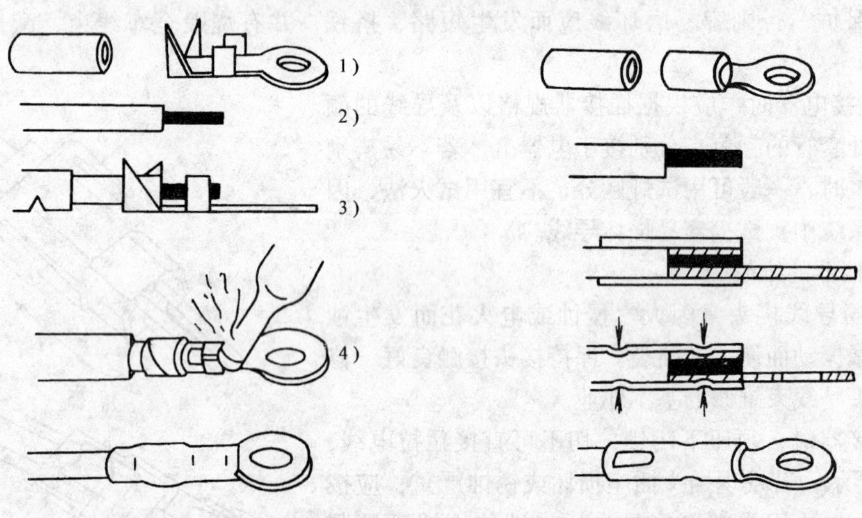

图 9-3　钎焊法工艺过程　　图 9-4　压力折皱法工艺过程

4. 断线的修复工艺

线束中的导线常因磨损、振动或意外载荷而出现折断，通常可采用断头焊包法、压套法、附加插接器法修复。

(1) 断头焊包法(见图9-5)。

1) 将断头两端剥掉一段绝缘层。

2) 用钳子将两线芯相互绕制在一起。

3) 用电烙铁将线芯加热。

4) 线芯加热后用松香、焊锡与线芯接触，使其熔接，断线即可修复。

如导线严重损坏或烧毁时可用新线自接，并将新敷设的电线束包扎成一体，新线自接时应注意被接的导线两端颜色一致。

(2) 压套法(见图9-6)。

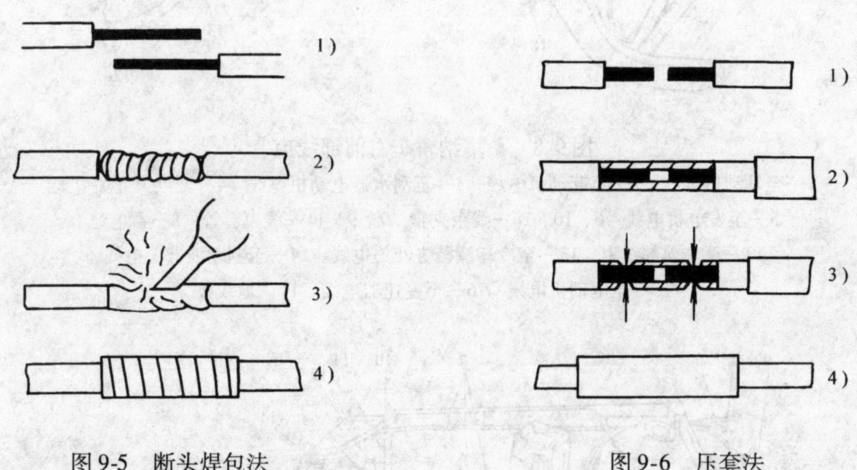

图9-5 断头焊包法 图9-6 压套法

1) 将断头两端剥掉一段绝缘层。

2) 将两线芯插入用专用铜连接套管内。

3) 用压紧器将线芯与铜连接套管压为一体。

4) 绝缘包扎处理。

(3) 插接器法(见图9-7)。

1) 将断头两端剥掉一段绝缘层。

2) 将两线芯分别安装于插接器接插片上。

3) 插接器连接。

5. 线束的拆装

线束在检修前后，应按要求进行拆装，在拆下过程中要记住各接插头的连接部位和线束去向，装配时按原连接部位装复。各种车型线束都应按设计要求包制。

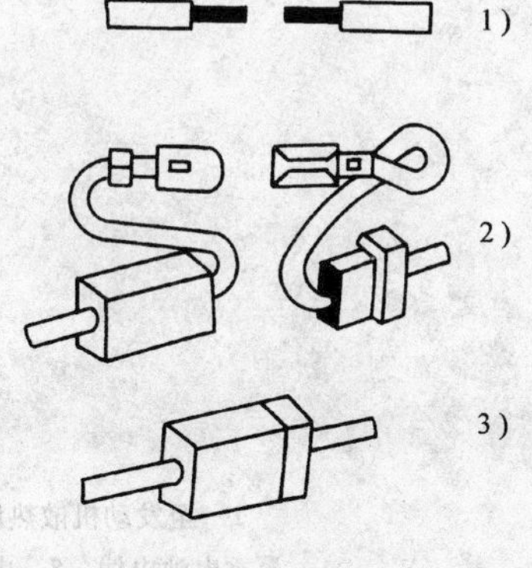

图9-7 插接器法

桑塔纳轿车主要线束的拆装：

1) 桑塔纳轿车右前部线束的拆装如图9-8 所示。

2) 桑塔纳轿车左前部线束的拆装如图9-9 所示。

3) 桑塔纳轿车仪表盘线束的拆装如图9-10 所示。

4) 桑塔纳轿车仪表板线束的拆装如图9-11 所示。

6. 分析、拆画全车电路的基本方法

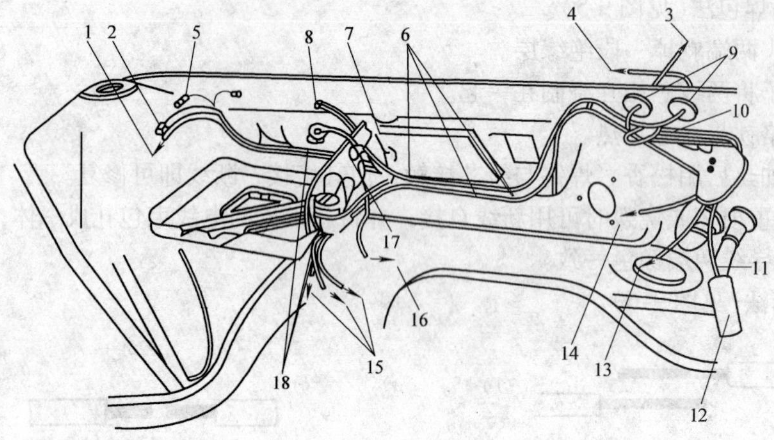

图 9-8　桑塔纳轿车右前部线束

1—至发动机电线　2—至起动机电线　3—至刮水器电动机电线　4—至点火开关电线
5—至发电机电线　6、10、18—线束夹箍　7、9、11—线束套管　8—蓄电池
12—至左前部线束　13—至冷却液警告开关电线　14—至制动液开关电线
15—至电动机电线　16—至变速器电线　17—地线板

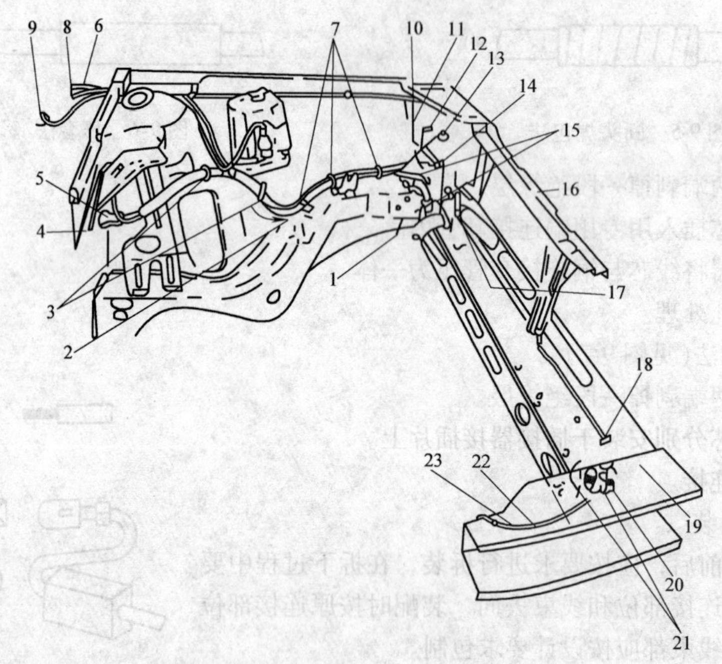

图 9-9　桑塔纳轿车左前部线束

1—至发动机散热风扇电线　2—至热敏开关电线　3、7、10、15—电线夹箍
4—至蓄电池电线　5—电线套管　6—发动机盖拉索　8—风窗清洗装置软管　9—水槽孔
11—转向灯电线　12—雾灯插头　13—雾灯电线　14—至冷却风扇电动机电线　16—插头
17—热敏开关　18—前照灯插头　19—转向灯插头　20—电线夹箍(白色)　21—电线夹箍(蓝色)
22—至侧面转向电线　23—至喇叭电线

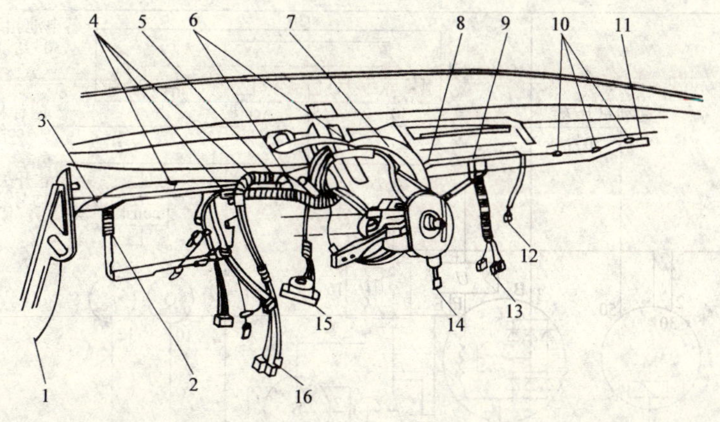

图 9-10　桑塔纳轿车仪表盘线束

1—至左侧扬声器电线　2—搭铁点　3、4、6、8、9、10、11—电线夹箍
5—毛毡垫圈　7—塑料泡沫管　12—至右侧扬声器电线　13—点烟器插头
14—天线　15—收放机插头　16—灯光开关插头

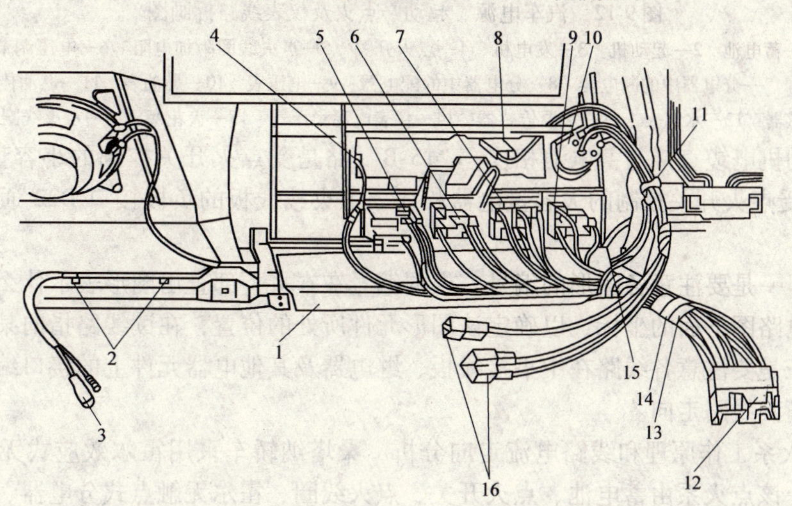

图 9-11　桑塔纳轿车仪表板线束

1—绝缘板　2—箱灯插头　3、14—粘性带　4—收放机插头　5—雾灯开关　6—后风窗加热开关　7—警告灯开关　8—罩壳至扬声器插头　9—自动停/启开关　10—至新鲜空气鼓风机开关　11、15—电线夹箍　12—仪表盘线束插头　13—搭铁点　16—插头

拆画汽车系统电路图是指在全面分析汽车电路图的基础上，以某一系统电路为研究主体，分析该系统的工作原理和电流流向，结合原车实际的线路连接进行验证，最后拆画出该系统的电路图来，图 9-12 所示是典型的汽车电源、起动、点火及仪表线路拆画图。下面以拆画桑塔纳点火系电路图为例来说明。

(1) 总电路图的全面分析。桑塔纳轿车部分电路如图 9-13 所示，各电器部分的线路纵向排列，清晰明了，从左至右分别是电源、起动、点火、仪表等部分。其彩色电气图(原版)上端灰色区域为中央接线板部分，其上有继电器、熔断器、内部线路、接口、插座及各种线束。整车电器系统正极电源分三路：“30-A”路是常火线，12V，通过 P 区接线柱、红

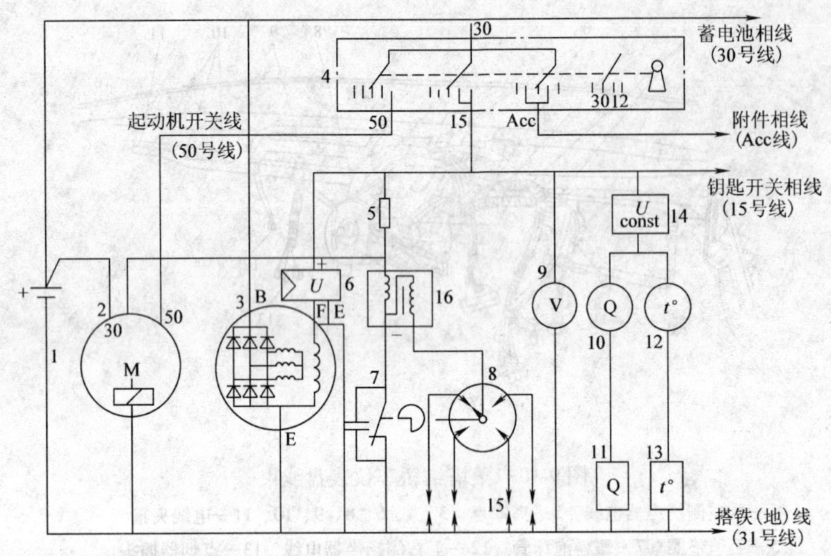

图9-12 汽车电源、起动、点火及仪表线路拆画图

1—蓄电池 2—起动机 3—发电机 4—点火开关 5—点火线圈附加电阻 6—电压调节器 7—分电器中的断电器 8—分电器中的配电器 9—电压表 10—燃油表 11—燃油传感器 12—水温表 13—水温传感器 14—仪表电源稳压器 15—火花塞 16—点火线圈

色导线、起动机电缆直接与蓄电池相连；“15-B” 路是受点火开关控制的小容量电器相线；“X-C” 路是受点火开关控制的大容量电器相线。中央接线板的负极接口 D22 通过搭铁线与机体连接。

读图时，一是要注意各图形的编号，根据编号在本页下部查出图形表示什么元件；二是要注意读懂电路图下面的坐标，以确定该图形元件所处的位置，在读线路指向某一数字坐标时很有用；三是要注意各线路在中央接线板、继电器及其他电器元件上的接口编号，通过接口编号能读懂其线路走向。

(2) 点火系工作原理和线路电流走向分析 桑塔纳轿车采用霍尔效应式无触点晶体管电子点火系。该点火系由蓄电池、点火开关、点火线圈、霍尔无触点式分电器、电子点火控制器、高低压导线及火花塞等组成。其工作原理是通过点火线圈初级线圈电流的通断，在次级线圈上感应出高压电，通过高压线路及正时分配使各缸火花塞跳火。初级电流的通断受点火器的控制，而点火器依靠点火传感器的信号来控制。

低压电流走向：蓄电池“+”接线柱(经电缆)→起动机的“30”接线柱(经红线)→中央接线板 P→另一 P 接线柱(经红线)→点火开关“30”接线柱→点火开关“15”接线柱(经黑线)→中央接线板 A8 接线柱→D23 接线柱(经黑线)→点火线圈“+”接线柱。然后分两路：一路进入点火线圈内部经初级线圈到“-”接线柱(经绿线)→点火控制器“1”接线柱→点火控制器内部→点火控制器“2”接线柱(经棕线)→发动机机体搭铁(经搭铁线)→蓄电池“-”接线柱；另一路向点火控制器供电，从点火线圈“+”接线柱(经黑线)→点火控制器“4”接线柱→点火控制器内部→点火控制器“2”接线柱(经棕线)→发动机机体搭铁(经搭铁线)→蓄电池“-”接线柱。

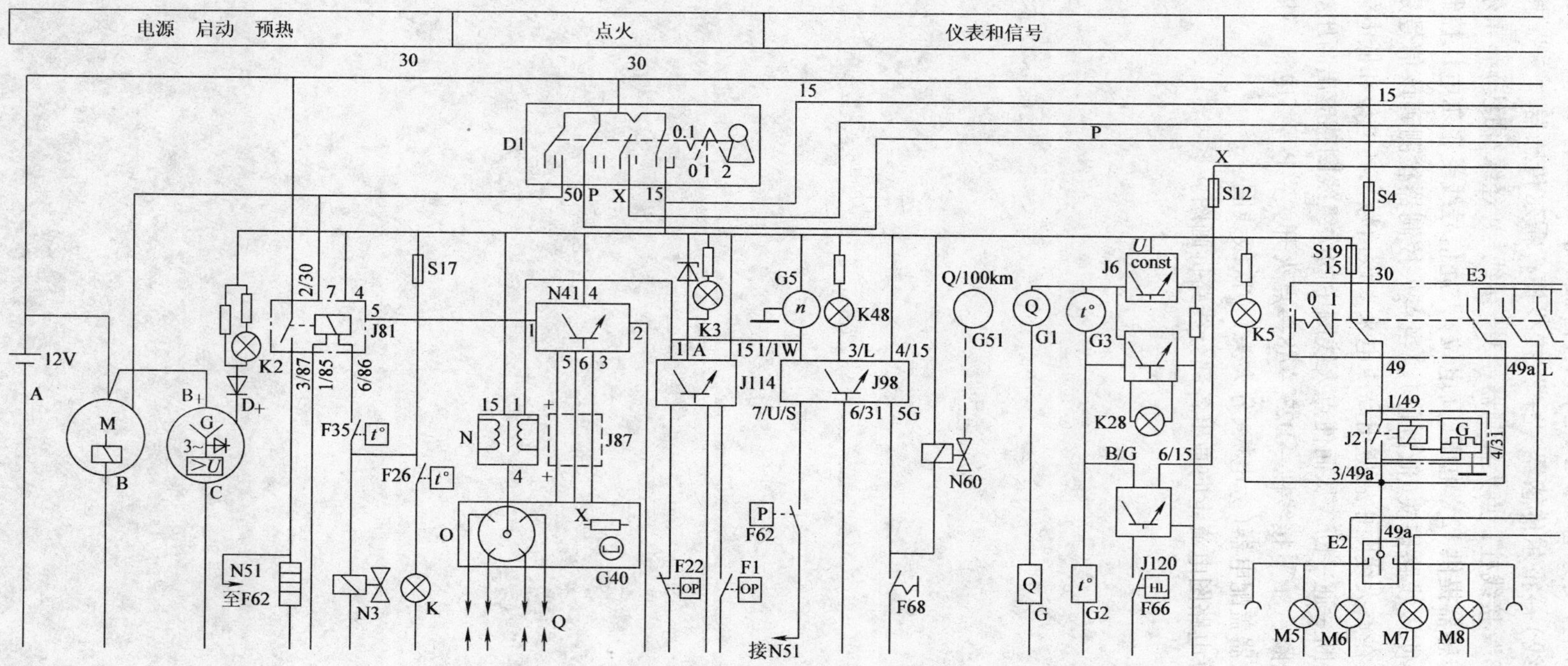

图 9-13　桑塔纳轿车局部电路

A—蓄电池　B—起动机　C—交流发电机　K2—充电指示灯　N51—进气管加热电阻　J81—进气管预热继电器　F35—进气管预热器温控开关　N3—循环空气截止阀　F26—自动阻风门温控开关　K—阻风门指示灯　D1—点火开关　N41—点火控制器 TSZ 开关　N—点火线圈　J87—怠速稳定开关　O—分电器　G40—霍尔传感器　Q—火花塞　K3—油压指示灯　J114—油压检查控制器　F22—油压开关　F1—油压开关　G5—转速表　K48—换挡指示灯　J98—换挡指示器控制装置　F62—换挡指示器真空开关　F68—换挡油耗指示器的变速开关　N60—油耗表的电磁阀　G51—油耗表　G1—燃油表　G—燃油表传感器　G3—温度表　G2—温度表传感器　J6—稳压器　K28—冷却液温度指示灯　J120—冷却液不足指示器控制器　F66—冷却液不足指示器开关　K5—转向指示灯　E3—危险警告灯开关　J2—闪光器　E2—转向灯开关　M5—左前转向信号灯　M6—左后转向信号灯　M7—右前转向信号灯　M8—右后转向信号灯

另一方面第一路的导通和断开受分电器霍尔式点火传感器的信号控制，接线如下：点火控制器“5”接线柱(经红/黑线)→霍尔传感器“+”接线柱；霍尔传感器“-”接线柱(经棕/白线)→点火控制器“3”接线柱；点火控制器“3”接线柱(经绿/白线)→霍尔传感器“信号”接线柱，向霍尔传感器提供12V电压(高电位)，此信号线受霍尔电压控制。当产生霍尔电压时，霍尔传感器使该线路搭铁(低电位)，当点火控制器检测到该信号是低电位时，便断开初级电流，从而在点火线圈中感应出高压电来。该信号在高电位和低电位之间来回变化，以使初级电流通—断—通—断，从而使点火线圈中的次级线圈感应出高压。高压电流走向：次级线圈→点火线圈“+”接线柱→D23→A8→点火开关→P→蓄电池→搭铁→火花塞电极、中心电极→分电器盖配电器(旁电极、分火头)→次级线圈。

(3) 电路图拆画。根据总电路图电流走向画出各部分线路拆画图。

第十单元　汽车空调的检修与维护

实训一　汽车自动空调制冷系统的检测

一、实训目的

1）掌握汽车自动空调制冷系统泄露的检测手段和方法。

2）掌握汽车自动空调制冷系统压力测量的方法。

二、工具材料

歧管压力计、电子检漏仪、装备自动空调系统实车一台（或自动空调实验台）。

三、操作要点及项目

1. 汽车自动空调制冷系统泄露的检测

汽车空调系统工作条件比较恶劣，极易造成部件、管道损坏和接头松动，使制冷剂发生泄漏，其泄漏的常发部位见表10-1。

表10-1　汽车空调制冷系统常发生泄漏的部位

部　件	泄漏常发生的部件	部　件	泄漏常发生的部件
冷凝器	冷凝器进气管和出液管连接处 冷凝器盘管	制冷剂管道	高、低压软管 高、低压软管各接头处
蒸发器	蒸发器进口管和出口管的连接处 蒸发器盘管 膨胀阀	压缩机	压缩机轴封 压缩机吸、排气阀处 前、后盖密封处 与制冷剂管道接头处
储液干燥器	易熔塞 管道接头喇叭口处	检测维修阀	灌装阀接头处

汽车空调制冷系统常用的几种检漏方法如下：

（1）检查油迹。如果制冷剂泄漏，就会带出一些冷冻油，所以系统中有油迹的地方一般都是泄漏的迹象。

（2）肥皂水检漏。肥皂水检漏是一种简便有效的方法。若零件、管路表面有油迹，要事先擦净，然后把肥皂液涂在受检处，若检查接头处，要整圈均匀涂上，仔细全面地观察，若有气泡或鼓泡，则可判为有泄漏。在制冷系统低压侧检漏，必须关机；在高压侧检漏时，可关机，也可不关机检查。

（3）着色法。

1）用棉球蘸制冷剂专用着色剂检测，当这种着色剂一遇到制冷剂时，就会变成红色。据此可以判定泄漏点。

2）目前有些制冷剂溶有着色剂，使用这类制冷剂时，系统一旦有泄漏，便在泄漏点显示鲜艳的着色剂，可以据此方便的检测出泄露部位。

（4）使用电子检测仪检漏。使用电子检漏设备时，应该注意以下几点：

1）将检漏仪电源接上，一般需要预热10min左右。

2）大部分电子检漏仪有校核挡，在使用前应该确认校验正确，并使指示灯和警铃工作正常。

3）将仪器调到所要求的灵敏度范围。

4）检测时，将探头放到被检测的全方位，防止漏检。

5）一旦查出泄漏部位，探头应立即离开，以免缩短仪器寿命。

（5）检漏工作注意事项。

1）必须检查每一个接头的整个圆周。

2）探头要靠近被检查点，离检测点约3mm。

3）探头移动的速度要慢，不能高于3cm/s。

4）因为制冷剂比空气重，所以要从部件(总成)顶部开始检漏，然后沿着部件或管路的底部移动。出于同样原因，在下部测出的泄漏，泄漏点不一定在下部。

5）如发现制冷剂大量渗漏时，应进行通风处理，防止引起人窒息事故发生。

2. 汽车自动空调制冷系统压力的测量

（1）连接压力表组。卸掉系统高、低压管路上的检修阀护帽；压力表组高、低压侧手动阀都关闭，蓝色的低压侧软管接低压检修阀，红色的高压侧软管接高压检修阀。

（2）启动空调检测系统压力。起动发动机，调整发动机转速至1250r/min，起动空调器，将有关控制器调至最凉位置(风机亦应在最高速)，按需要使发动机温度正常(约运行5~10min)后，进行检测。

（3）技术标准。

R134a空调系统压力正常范围，表读数：低压侧为0.15~0.25MPa，高压侧为1.37~1.57MPa。

R12空调系统正常工作压力范围，表读数：低压侧为0.15~0.20MPa，高压侧为1.45~1.50MPa。

（4）结果分析。

1）对压力表的读数，高、低压侧压力均很低，说明制冷剂不足。如空调系统工作一段时间出现此现象，可能系统内某处出现泄漏，必须找出漏点并加以排除。

2）对压力表的读数，高、低压侧压力均过高，很可能是制冷剂过多引起，应从低压侧放出一部分制冷剂，直到压力表显示规定压力为止。如开始时正常，后来出现上述现象，这是由于冷凝器散热差造成的。可检查冷凝器散热片是否堵塞，风扇传动带过松，风扇转速是否正常，并予排除。

3）经上述方法排除后，高、低压侧压力还是高，可能是加注制冷剂过程中没有将空气抽尽，系统内有空气，可更换干燥剂，清洁冷冻润滑油，重新加注制冷剂。

4）对压力表读数，低压侧偏高，高压侧偏低，如增加发动机转速，高、低压变化都不大，这种情况一般是压缩机工作不良造成。应检查压缩机内阀片是否损坏，活塞及环是否磨损，并予以排除。

5）对压力表读数，低压侧出现真空，高压侧压力过低，这种情况多出现在膨胀阀感温包内的制冷剂完全泄漏，使膨胀阀打不开，制冷剂不流动，系统不能制冷。排除的办法是更换或拆修膨胀阀。

6）将测量结果填入表10-2，并进行分析。检测完后，关掉发动机，卸掉压力表组，把检修阀的护帽旋回。

表 10-2　制冷系统压力测量结果

项目／测量	高压侧压力/MPa	低压侧压力/MPa
测量结果		
结论		

（5）注意事项。

1）R12 与 R134a 不可使用同一个压力表组。

2）检查过程中应注意旋转件，以免受伤。

3）压力表组的高、低压管位置不能接反。

实训二　汽车自动空调制冷剂充装技术

一、实训目的

1）掌握汽车自动空调制冷系统制冷剂卸放技术。

2）掌握汽车自动空调制冷系统抽真空技术。

3）掌握汽车自动空调制冷系统制冷剂充装技术。

4）掌握汽车自动空调制冷系统冷冻油充装技术。

二、工具材料

歧管压力计、真空泵、制冷剂回收装置、装备自动空调系统实车一台（或自动空调实验台）、制冷剂、冷冻油。

三、操作要点及项目

1. 汽车空调维修操作注意事项

（1）作业环境。维修空调时注意清洁和防潮，一定要防止污物、灰尘和水分进入系统内，要把机组周围和接头附近清洁干净，避免雨天维修作业。

（2）制冷剂的使用。保存和搬运制冷剂钢瓶时，应按其要求存放，严禁直接对制冷剂钢瓶加热或将制冷剂钢瓶放在40℃以上的热水中。加注制冷剂时应戴护目镜，以免冻伤眼睛。

（3）发动机运转时，切不可打开歧管压力计上的手动高压阀使制冷剂倒流入到制冷剂罐内，否则会引起爆炸事故。在发动机运转过程中从低压侧加注气态制冷剂时，切不可倒放制冷剂钢瓶，以防压缩机“冲缸”。

（4）制冷系统拆卸管路后，应立即将管道或接头封住，以免潮气和灰尘进入。

2. 汽车自动空调制冷系统制冷剂卸放技术

在检修汽车空调制冷系统时，发现系统制冷剂过多，要排放一些制冷剂；维修或更换时，必须排放制冷剂。制冷剂的排放有两种方法：一种是把制冷剂放入大气中，此法污染环境，浪费资源；二是回收制冷剂，此法较好，但是要有回收装置。

(1) 制冷剂排空。排空时，周围环境一定要通风良好，也不要接近明火，否则要产生有毒的气体。制冷剂排放的步骤如下：

1) 先关闭表阀高低手动阀，按图10-1所示接好管路，然后各个控制器调到冷气最冷的位置，发动机转速调到1000~2000r/min，并运行10~15min。

2) 松开节气门，使发动机恢复正常怠速，关闭发动机。

3) 缓慢打开高压手动阀，在软管出口盖上一块白毛巾，观察毛巾上有无油污，调节制冷剂的流量。

4) 在高压表读数降到0.35MPa以下时，缓慢打开低压手动阀。

5) 当系统压力下降时，逐渐打开高压和低压手动阀，直到两者压力计的读数达到零为止，关闭手动阀。

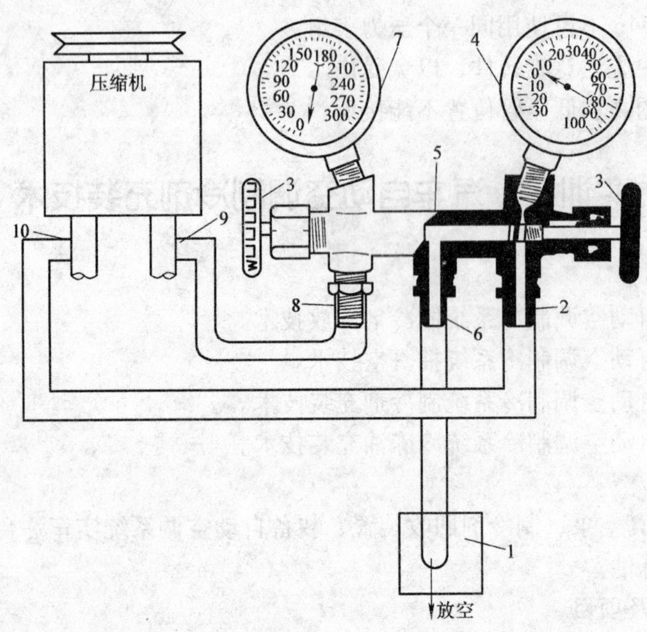

图10-1 制冷剂的排放
1—集油罐 2—低压管 3—手阀 4—低压表 5—阀体
6—中间管 7—高压表 8—高压管 9—排气口 10—吸气口

(2) 制冷剂的回收。目前有R12和R134a两种回收装置，或同一装置中有两套管路，分别供R12和R134回收之用，它们的操作方法不完全相同，但基本方法如下：

1) 把回收机上低压管口接头和高压管口接头连接到空调系统中，连接前要弄清空调系统所使用的制冷剂类型。

2) 把回收钢瓶与回收机连接起来，注意要排除软管中的空气。

3) 接上电源，打开主电源开关。

4) 按下回收启动开关，系统开始从车辆上回收。

5) 当车辆的空调系统真空度下降到0.3MPa时，机器自动关闭，指示灯熄灭。

6) 关上制冷剂上的阀门，切断总电源，卸下连接管路。

3. 汽车空调制冷系统的抽真空

抽真空是为了排除制冷系统内的空气和水分，它是空调维修中一项极为重要的工序。抽真空并不能直接把水分抽出制冷系统，而是产生真空后降低了水的沸点，水汽化成蒸汽后被抽出制冷系统。因此，系统抽真空时，时间越长，系统内残余的水分就越少。为最大限度地将系统内的空气及湿气抽出，必要时采用重复抽真空法，即第一次抽真空完毕后，再连续抽30min以上。

图10-2所示为抽真空管路连接方法，具体操作过程如下：

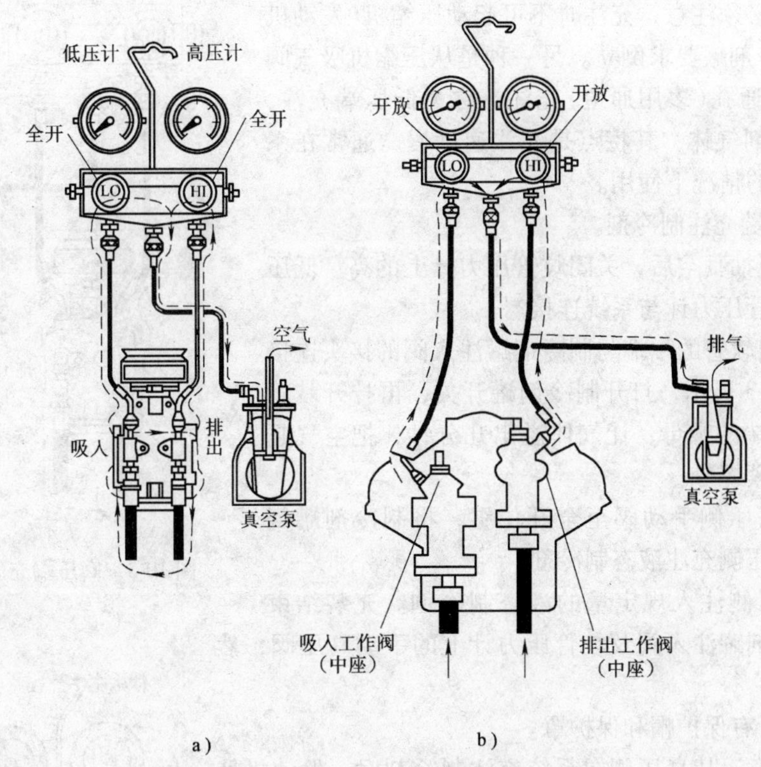

图10-2 汽车空调制冷系统抽真空

a）轿车空调系统连接图 b）客车空调系统连接图

（1）将歧管压力计上的两根高、低压力软管分别与压缩机上的高、低压阀接口相连；将歧管压力计上中间软管与真空泵相连。

（2）打开歧管压力计上的手动高、低压阀，起动真空泵，并注意两个压力表，将系统压力抽真空至约100kPa。

（3）关闭歧管压力计上的手动高、低压阀，观察压力表指示压力是否回升。若回升压力大于3.4kPa，则表示系统泄漏，此时应进行检漏和修补。若压力表针保持不动，则打开手动高、低压阀，起动真空泵继续抽真空30min以上，使其真空压力表指针稳定。

（4）关闭歧管压力计上的手动高、低压阀。

（5）关闭真空泵。先关闭手动高、低压阀，然后关闭真空泵，目的是防止空气进入制冷系统。

4. 汽车空调系统制冷剂的充注

当制冷系统抽真空达到要求，且经检漏确定制冷系统不存在泄漏部位后，即可向制冷系统充注制冷剂。充注前，先确定注入制冷剂的数量，充注量过多或过少，都会影响空调制冷效果。维修手册或压缩机的铭牌上一般都标有所用的制冷剂的种类及其充注量。

充注制冷剂的方法有两种。一种是从压缩机排气阀(高压阀)的旁通孔(多用通道)充注，称为高压端充注，充入的是制冷剂液体，其特点是安全、快速，适用于制冷系统的第一次充注，即经检漏、抽真空后的系统充注。但用该方法时必须注意，充注时不可起动压缩机(发动机停转)，且制冷剂罐要求倒立。另一种是从压缩机吸气阀(低压阀)的旁通孔(多用通道)充注，称为低压端充注，充入的是制冷剂气体，其特点是充注速度慢，通常在系统补充制冷剂的情况下使用。

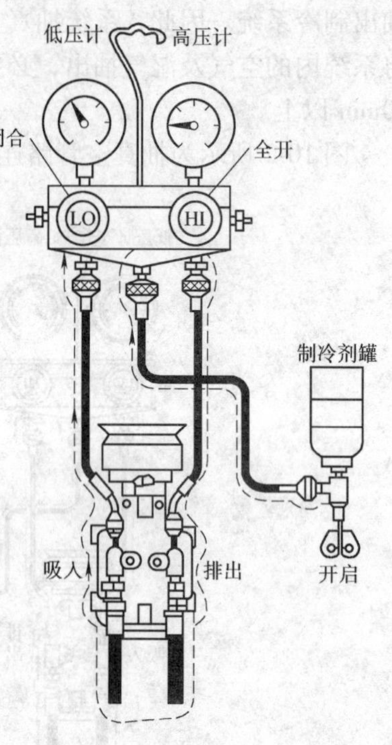

图 10-3　高压端充注制冷剂

(1) 高压端充注制冷剂。

1）当系统抽真空后，关闭歧管压力计上的高、低压手动阀。将歧管压力计与系统连接。

2）将中间软管的一端与制冷剂罐注入阀的接头连接起来，如图 10-3 所示，打开制冷剂罐开关，再拧开歧管压力计软管一端的螺母，让气体溢出几分钟，把空气赶走，然后再拧紧螺母。

3）拧开高压侧手动阀至全开位置，将制冷剂罐倒立，以便从高压侧充注液态制冷剂。

4）从高压侧注入规定量的液态制冷剂。充装结束后，关闭制冷剂罐注入阀及歧管压力计上的手动高压阀，然后将仪表卸下。

5）装回所有保护帽和保护罩。

特别要注意，从高压侧向系统充注制冷剂时，发动机处于不起动状态(压缩机停转)，更不可拧开歧管压力计上的手动低压阀，以防止产生液压冲击。另外，如果低压表不从真空量程移动到压力量程，表示系统堵塞。按要求消除堵塞，然后重新对系统抽真空并继续充注制冷剂。

(2) 低压端充注制冷剂。

1）按图 10-4 所示，将歧管压力计与压缩机和制冷剂罐连接好。

2）打开制冷剂罐开关。关闭高、低压手动阀，拆开高压端检修阀和胶管的连接，然后打开高压手动阀，再打开制冷剂罐开关。在胶管口听到制冷剂蒸汽出来的“嘶嘶”声后，立即将软管与高压检修阀相连，关闭高压手动阀。用同样的方法清除低压端和管路中的空气，然后关好高、低压手动阀。

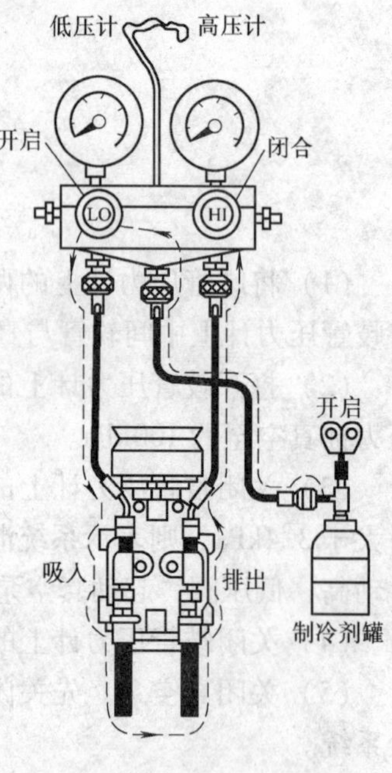

图 10-4　低压端充注制冷剂

3）打开手动低压阀，让制冷剂进入制冷系统，当系统压力值达到 0.4MPa 时，关闭手动低压阀。

4）起动发动机并将速转调整到 1250r/min 左右，将空调开关接通，并将风机开关置于高速、调温开关调到最冷。

5）再打开歧管压力计上的手动低压阀。让制冷剂继续进入制冷系统，直至充注量达到规定值时，立即关闭低压手动阀。

6）在向系统中充注规定量制冷剂后，从视液玻璃窗处观察，确认系统内无气泡、无过量制冷剂。随后将发动机转速调整到 2000r/min，冷风机风量开到最大，若气温在 30 ~ 35℃，此时，高压表值应为 1.3 ~ 1.6MPa，低压表值应为 0.14 ~ 0.19MPa。

7）充注完毕后，先关闭歧管压力计上的手动低压阀，关闭制冷剂罐开关，使发动机停止运转，将歧管压力计从压缩机上卸下，卸下时动作要迅速，以免过多制冷剂排出。

8）装回所有保护帽和保护罩。

5. 冷冻润滑油的加注

汽车空调制冷系统大修后，压缩机的冷冻润滑油需要按照规范加注，平时也要定期检查。发现减少时必须及时补充。

（1）压缩机冷冻润滑油油量的检查。检查方法有两种。

1）观察油尺。如图 10-5 所示，卸下加油塞 1，通过加油塞孔察看并旋转离合器前板，把油尺用棉纱擦干净，然后插到压缩机内，直到油尺端部碰到压缩机内壳体为止，取出油尺，观察油尺浸入深度，当加油合适时，压缩机内油面应在前 4 ~ 6 格之间，若少则加入，若多则放出，然后拧紧加油孔塞。

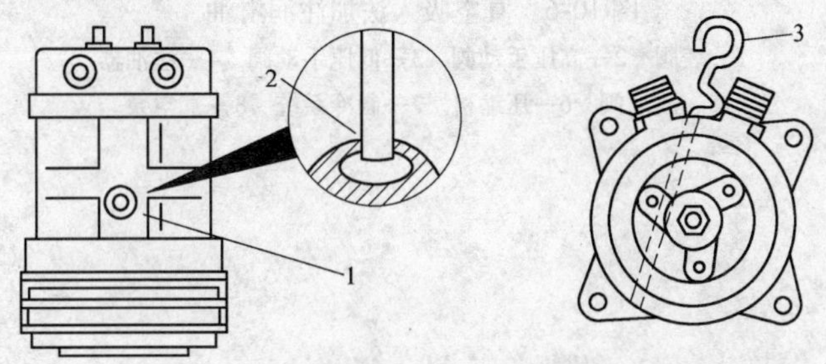

图 10-5　空调压缩机冷冻润滑油油量的检查

1—加油塞　2—加油孔　3—油尺

2）观察视镜。通过压缩机上安装的视镜玻璃，可观察冷冻润滑油量，如果压缩机冷冻润滑油面达到观察高度的 80% 位置，一般认为是合适的。如果油面在这个界限以下，则应该添加；如果油面在这个界限以上，则应该放出多余的冷冻润滑油。

（2）冷冻润滑油的加注。补充冷冻润滑油的方法有两种。

1）直接加入法。将冷冻润滑油按标准称量好，直到加入压缩机内，这种方法只是在系统大修后采用。

2）真空吸入法。添加冷冻润滑油可在抽真空后进行，其设备连接如图 10-6 所示，操作步骤如下：

① 按抽真空的方法先对制冷系统抽真空。

② 选用一个带有刻度的注油器，其上面有一个加油旋塞和一个放油阀。盛入比要补充

的冷冻润滑油油量还要多一些的冷冻润滑油。

③ 将注油器接在表阀的低压接口和空调制冷系统低压检修阀之间。

④ 起动真空泵，打开注油器的上放油阀，补充的冷冻润滑油就从制冷系统的低压侧进入压缩机，当冷冻润滑油油量达到规定量时，停止真空泵，并关闭放油阀。

⑤ 拆下注油器，把低压软管接在制冷系统的低压气门阀，接着对系统进行抽真空，加注制冷剂。

冷冻润滑油使用完后，需及时盖严油瓶口，并擦净系统上的油迹，更换新的压缩机时，一般里面已有冷冻润滑油，不用再加。

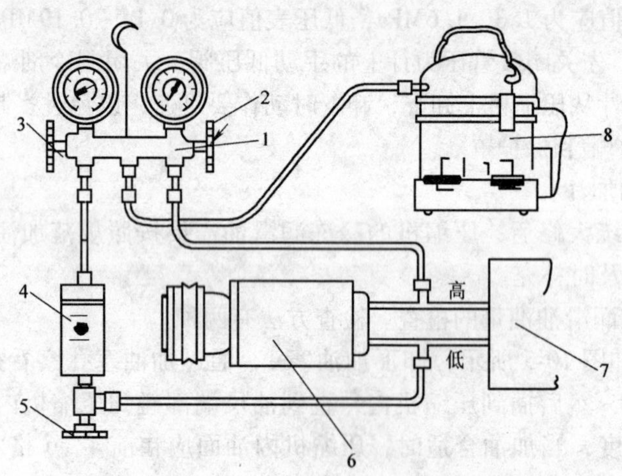

图 10-6 真空吸入法加注润滑油

1—表阀 2—高压手动阀 3—低压手动阀 4—注油器

5—放油阀 6—压缩机 7—制冷系统 8—真空泵

第十一单元　汽车音响的操作与使用

实训　汽车音响的操作与使用

一、实训目的

掌握常用汽车音响的操作与使用方法。

二、工具材料

高、中、低不同档次汽车音响与实车。

三、操作要点及项目

1. 普通型单方向卡带机型操作按键使用方法

普通型单方向卡带机型面板如图 11-1 所示。

操作按键使用方法：

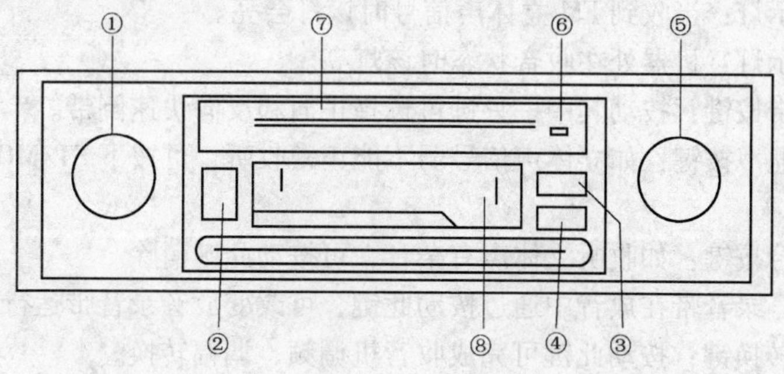

图 11-1　普通型单方向卡带机型面板

① 开关音量控制旋钮：向右旋转开启电源，继续旋转控制音量。

② 快速进带、退带按键：将该键推进一半，可使录音带处在快速导带状态；略用力推动，可恢复正常放音；用力推动录音带可从带仓中弹出。

③ AM、FM 转换按键：按此键可选择中波/调频段。

④ MO、ST 按键：立体声和普通声选择。

⑤ 收音机选台调谐器控制旋钮：机器处在收音状态时可旋动该钮完成选台。

⑥ 走带指示灯：当录音带放入带仓后如正常走带，该指示灯亮。

⑦ 刻度盘：确定选台具体位置。

⑧ 入带仓口：录音带可从仓口推入或弹出。

2. 普通型双方向卡带机型操作按键使用方法

普通型双方向运转机型面板如图 11-2 所示。

操作按键使用方法：

① 开关音量控制旋钮：向右方向旋转打开电源，继续旋转控制音量大小。

② 音调控制旋钮：该旋钮可控制中、高、低音变化。

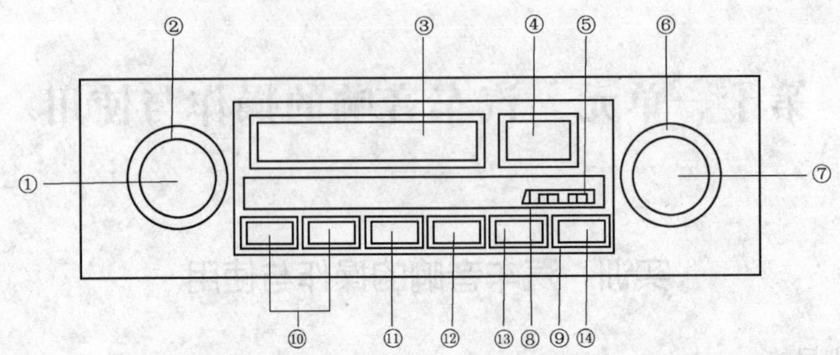

图 11-2　普通型双方向卡带机型面板

③ 入带仓口：放音时录音带可从该处进入和退出。

④ 退带按键：如带仓中有录音带，可按动此键使录音带从中退出。

⑤ 转向指示灯：指示放音中录音带运行方向，右灯亮为正向运行，左灯亮为回转运行。

⑥ 均衡旋钮：旋动该钮可控制双声道左右喇叭的声音平衡度，通常在中间时是电路对两个声道输出的均衡位置，使用时可根据听音者在车内的位置调整左右喇叭的声场定位。

⑦ 调谐器旋钮：选择电台位置。

⑧ 立体声指示灯：当收到 FM 立体声信号时该灯会亮。

⑨ 收音机指示灯：机器处在收音状态时该灯亮。

⑩ 正反转倒带按键：按动其中一只键可选择正向和反向快速倒带。

⑪ 立体声普通声按键：如立体声信号弱不能正常收听，可按下 ST/MO 按键，收听单声道电台信号。

⑫ 远、近电台按键：如收听立体声有杂音，可按动此键消除。

⑬ 换向按键：录音带在放音中通过按动此键，可改变放音录音带运行方向。

⑭ AM、FM 转换键：按动此键可完成收音机调频、调幅转换。

3. 中级型双方向卡带机型操作按键使用方法

中级型双方向卡带机型面板如图 11-3 所示。

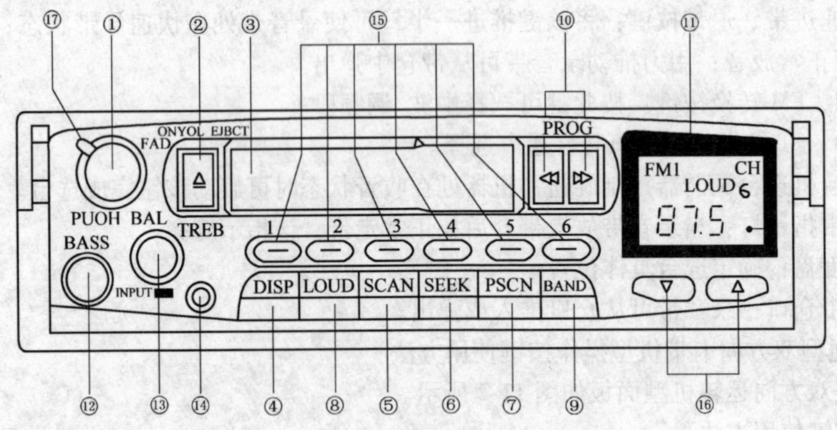

图 11-3　中级型双方向卡带机型面板

操作按键使用方法：

① 电源与音量控制开关：向右方向扭动打开电源开关，继续旋转可控制音量大小。

② 退带按键：按动此键可把录音带从带仓中弹出。

③ 带仓口：录音带可由该处进入带仓和退出带仓。

④ DISP(显示)：按动此键可消除收音机数字，显示出“时钟”时间，约5s后回位到收音机显示。

⑤ SCAN(自动搜索调谐)键：按动此键可完成收音机自动选台搜索，若选到某一电台后5s不再次按动此键，则自动搜索将继续进行。

⑥ SEEK(自动寻台)键：按动此键可完成选台自动搜索(AM、FM)任意频段，当遇有强信号时，自动定位并处在选到电台的位置上。

⑦ P. SCN(预置选择)键：按动此键，预置键显示屏中按顺序进行显示，每5s变一个数字，如认为已选到预置位置，可再按动此键一次。

⑧ LOUD(等响度控制)键：按动此键可增强听感，显示屏有(LD)显示。

⑨ BAND(波段切换)键：按动此键可改变频段，如AM1、AM2、FM1、FM2、FM3等。

⑩ 快进/快倒/换向键(放音) 单一按动此键可实现快速倒带，同时按动双键可改变录音带运行方向。

⑪ 液晶显示屏：收音显示数字为接收频率，放音显示只有方向指示箭头。

⑫ BSAA(低音)控制键：此键用于对“低音”升高和降低的选择。

⑬ TREB(高音)控制键：此键用于对“高音”进行升高和降低控制。

⑭ CD外接：CD唱机信号输入插口。

⑮ 预置键(1~6)：该键可根据频段设置多少而定，如收音机只设定为AM、FM两种频段，则预置键可设置12个电台；如收音机设有AM、FM1、MF2三种频段，则可预置18个电台。

⑯ 手动调谐/校时键：开机可手动搜索选台，按动左边按键可减位数，按动右边按键可增位数。关机可校时，即在按动DISP时同时按动“▼”键可校时；按动“▲”键可校分。

⑰ 平衡控制键：根据听音者的要求，调整喇叭左右平衡和前后平衡。

4. CD音响系统操作按键使用方法

别克君威Rega 12.0G、2.5GL装用单碟CD音响系统，其音响面板如图11-4所示。Re-

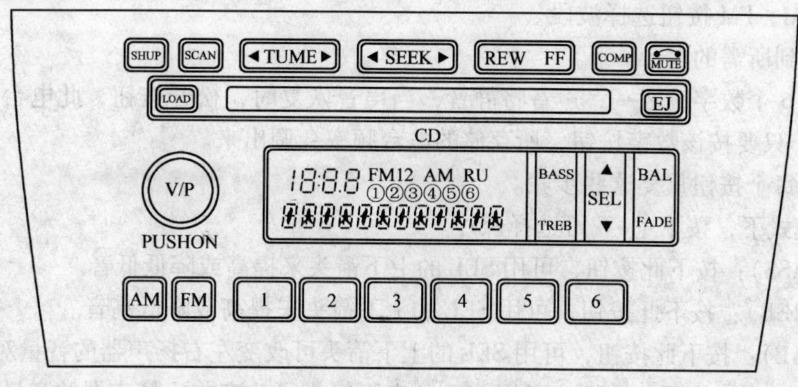

图11-4 单碟CD音响面板

ga13. 0GS 装用前置 6 碟 CD 音响，面板如图 11-5 所示。

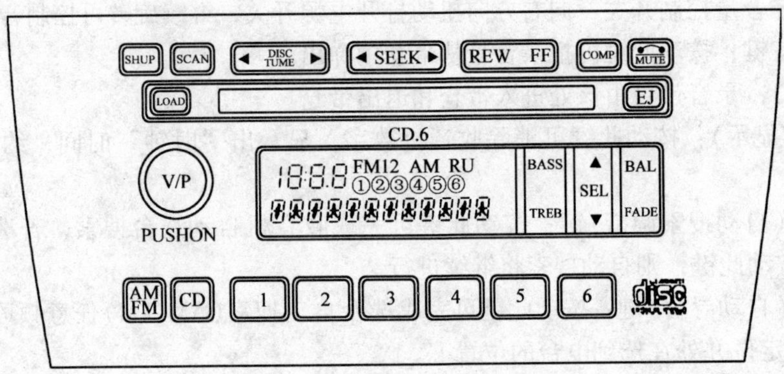

图 11-5　前置 6 碟 CD 音响面板

音量/电源控制(VOLUME/PWR)：当音响关闭时，按一下 VOL/PWR 按钮可打开音响系统；再按一下此按钮关闭音响系统。顺时针旋转此钮可增大音量；逆时针旋转可降低音量。

调整(SEL)：按下该按钮的向上或向下箭头，可用来调整 BASS、TREB、BAL 和 FADE 的值。

静音(MUTE)：按此按钮可使音响系统静音，再按此按钮可打开声音。

调幅—调频(AM—FM)：这是波段选择开关。按下 AM—FM 按钮可在 AM、FM1 和 FM2 之间切换，同时屏幕上显示所选择的波段。

调谐(TUNE)：按向右或向左箭头可选择收音机台。

搜寻(SEEK)：按向右或向左箭头可移到下一较高或较低频率的电台并保持在该台，搜寻时音响自动静音。

搜索(SCAN)：按一下 SCAN，音响自动搜索收听每个编程电台，几秒钟后将转到下一个电台。再按下 SCAN，搜索停止。搜索进行时将静音。

6 个按钮(PUSH BUTTONS)：6 个数字按钮可使您选择需要接收的电台，最多可设定 18 个电台频率，6 个调幅、6 个 FM1 和 6 个 FM2。存储电台的步骤如下：

1）打开收音机。

2）按 AM—FM 按钮选择波段。

3）调谐到所需的电台。

4）按住 6 个数字键之一，声音将静音，当声音恢复时，松开按钮，此电台频率将存储下来。以后，只要按该数字按钮，所存储的电台频率会调出来。

5）对于每个按钮重复这些步骤。

在 CD 模式下，按下 1 ~6 可选择碟片。

低音(BASS)：按下此按钮，可用 SEL 的上下箭头来提高或降低低音。

高音(TREB)：按下此按钮，可用 SEL 的上下箭头来提高或降低高音。

平衡(BAL)：按下此按钮，可用 SEL 的上下箭头可改变左右扬声器的音量对比。

衰减(FADE)：按下此按钮，可用 SEL 的上下箭头可改变前后扬声器的音量对比。

以下操作仅对 CD 工作时起作用：

搜寻(SEEK)：按◀转换到前一首歌，按▶转换到后一首歌，在搜寻时，显示屏会显示节目号。

搜索(SCAN)：CD 机会将每首歌放音 8～10s，在搜索阶段显示屏会显示节目号。

选碟(DISC)：按◀以选择前一张碟片，长按以快速向上找到所需的碟片。按▶以选择下一张碟片，长按以快速向下找到所需的碟片。

随机(SHUF)：按一下此键，CD 机会随机播放节目(不按原定顺序)。

装入(LOAD)：6 碟机 CD 碟片装入键。

退出(EJECT)：将 CD 碟片从 CD 机中弹出。

参考文献

[1] 边焕鹤. 汽车电器设备维修手册[M]. 北京：机械工业出版社，1997.

[2] 熊莅葵. 汽车电气与电子设备检测仪器[M]. 北京：中国劳动社会保障出版社，1999.

[3] 马东霄. 汽车维修实训教程[M]. 北京：人民邮电出版社，2002.

[4] 叶昌元. 汽车电气设备维护与排除[M]. 北京：中国劳动社会保障出版社，1999.

[5] 张茂国. 汽车电气设备修理实习[M]. 北京：中国劳动社会保障出版社，1999.

[6] 王遂双. 现代汽车电器与电子设备[M]. 北京：机械工业出版社，1996.

高职高专汽车电子技术专业规划教材

汽车底盘电控技术　第2版	李春明	主编
汽车发动机电控技术　第2版	张西振	主编
汽车车身电控技术　第2版	毛峰	主编
汽车空调　第2版	郝军	主编
汽车电器　第2版	娄云	主编
汽车检测与诊断技术　第2版	邹小明	主编
汽车电器实训　第2版	郝军	主编
汽车单片机与局域网	刘俊萍	主编
汽车专业英语	卢晓春	主编